Norbert Blüm
Die Glücksmargerite

Norbert Blüm

Die Glücksmargerite

Geschichten zum Vorlesen

Mit Illustrationen
von Ingeborg Haun

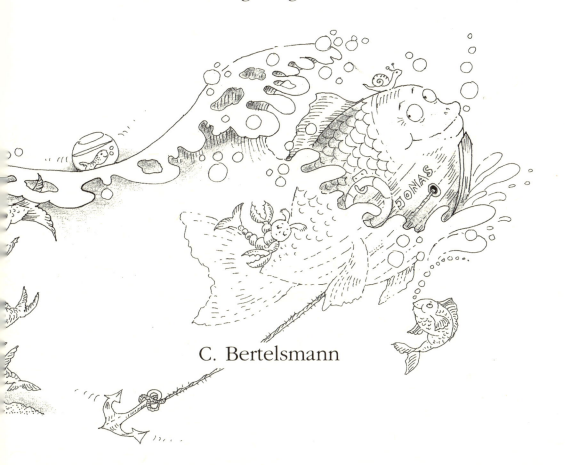

C. Bertelsmann

Umwelthinweis:
Dieses Buch wurde auf
chlorfrei gebleichtem Papier gedruckt.
Die Einschrumpffolie (zum Schutz vor Verschmutzung)
ist aus umweltschonender und
recyclingfähiger PE-Folie.

Gesetzt nach den Regeln der Rechtschreibreform von 1996

1. Auflage 1997
© 1997 C. Bertelsmann Jugendbuch Verlag GmbH, München
Alle Rechte vorbehalten
Umschlag- und Innenillustrationen: Ingeborg Haun
Umschlagkonzeption: Klaus Renner
Lektorat: Guido Michl/Arno Löb
us · Herstellung: Peter Papenbrok
Satz: Uhl + Massopust, Aalen
Druck: Graphischer Großbetrieb Pößneck
ISBN 3-570-12239-5
Printed in Germany

Inhalt

Jonas, das kleine Segelschiff 7

Die Glücksmargerite 26

Der gefärbte Elf 41

Winzling 55

Eine gute Tat 63

Ein Katzenausflug 81

Lilians Abenteuer 108

Jonas, das kleine Segelschiff

Das kleine Segelschiff Jonas lag sicher vor Anker. Das Wasser im Hafenbecken war still und ruhig. Nur der Wind kräuselte leicht die Oberfläche und ließ Jonas sanft hin und her schwingen. Draußen aber, vor den Kaimauern, tobte der Sturm. Wellen überschlugen sich und die Gischt spritzte. Aus tief hängenden Wolken schlugen Blitze ins Meer.

Das war der schwerste Sturm, den das kleine Segelschiff jemals erlebt hatte – wenn auch nur aus der Ferne. Jonas war nämlich in einer einsamen Ecke des Hafens fest vertäut, gleich hinter einem großen Eisbrecher. Nur wenig sah das kleine Segelschiff deshalb vom Leben im Hafen und von der Weite der See. Neugierig geworden auf die Welt außerhalb der Kaimauern, bat Jonas schließlich die Möwen, ihn vom Haltetau zu befreien. Die Möwen waren seine Freunde, denn er hatte ihnen immer die besten Küchenabfälle zukommen lassen.

„Das Meer ist wild und viele, die hinausfuhren, sind nicht mehr zurückgekommen", sagten die Möwen.

Aber das kleine Segelschiff ließ sich nicht beirren, es wollte unbedingt ungebunden sein. Also flogen die Möwen in einem großen Schwarm her-

bei und pickten das Tau, das Jonas festhielt, entzwei. Befreit trieb er zur Hafenausfahrt. Kaum aber hatte er seine Bugspitze aus dem Schutz der Kaimauern gestreckt, wurde Jonas von einer haushohen Welle gepackt und hinaus aufs weite Meer geworfen. Hilflos torkelte er durch den Sturm. Das Segelschiffchen wusste bald nicht mehr, wo vorn und hinten, wo Backbord und Steuerbord war. Die wilden Wellen machten sich einen Spaß daraus, es hoch zu werfen, unterzutauchen und ihm die Segel zu zerfetzen. Sie drehten Jonas sogar einmal mit dem Kiel nach oben und mit dem Mast nach unten. Nur mit Mühe konnte er sich wieder aufrichten. Jonas verlor im Sturm jede Orientierung.

Nach drei mal sieben Tagen wurde die See endlich ruhig. Der Sturm flaute ab. Das Meer schluckte seine Wellen. Kalt war es geworden, denn der Nordpol lag in der Nähe. Eisberge trieben auf Jonas zu. So etwas hatte er noch nie gesehen. Ein besonders großer Brocken nahm direkt Kurs auf das kleine Segelschiff.

„Für dieses kalte Meer und die heimtückischen Eisberge bist du nicht gebaut", erklang plötzlich eine dunkle Stimme aus dem Inneren des riesigen Brockens. „Beim nächsten Sturm werden die anderen Eisberge dich zermalmen, versenken und in Nichts auflösen. Sieh zu, wie du dich retten kannst."

„Aber wie soll ich das nur fertig bringen?", fragte Jonas ängstlich. „Ich weiß doch nicht einmal, wo mein Heimathafen ist, und mit den paar Segeln, die mir der Sturm übrig gelassen hat, komme ich nur langsam voran!"

Da antwortete die Stimme aus dem Eisberg: „Vielleicht kann ich dir helfen, wenn auch du mir hilfst… Tief in diesem Eisfelsen liegt ein Eiskristall begraben, der mich umschließt. Nur wer mutig den Eisberg rammt und sich nicht vor dem Eishagel fürchtet, kann den Kristall befreien. Hast du mich erst einmal an Bord, kann ich dich in jedes Lebewesen auf der Erde verwandeln und du wirst imstande sein, schnell von einem Fleck zum anderen zu gelangen."

Jonas musste nicht lange nachdenken, er hielt seine wenigen verbliebenen Segel in den Wind und fuhr geradewegs auf den Eisberg zu. Ein lautes, scharfes Krachen ertönte, abertausende von

Eissplittern flogen durch die Luft. Ein dicker Eisbrocken durchschlug sogar das Deck, landete mitten in Jonas' Kombüse und zerplatzte in einen Eisregen, der bis in die letzte Ecke des Raumes stob. Als das Prasseln verklungen war, lag ein großer schimmernder Kristall auf dem Kajütenboden.

Durch den heftigen Aufprall hatte sich Jonas an dem scharfkantigen Eisberg ein Leck in den hölzernen Leib geschlagen. Wasser drang ein. Er drohte zu versinken.

Da erklang erneut die dunkle Stimme aus dem Eiskristall: „Weil du mir einmal geholfen hast, will ich dir auch helfen und dich vor dem Untergang bewahren. Ich werde deinen Schiffskörper in einen Fischleib verzaubern."

„Lass mir doch wenigstens den Rumpf aus meinen schönen roten Brettern, an die ich mich so gewöhnt habe", wandte das Segelschiffchen ein.

„Gut", antwortete der Kristall, „so soll es sein... Eisfischarumsalabim!"

Jonas spürte, wie ein Rütteln seinen ganzen Körper erfasste. Und ehe er es sich versah, war er halb Schiff, halb Fisch. Wo vorher das Deck ge-

wesen war mit Masten, Rahen und Segeln, spannte sich jetzt eine glänzende, vielfarbig schimmernde Schuppenhaut.

Jonas, der neue Schiff-Fisch, durchpflügte nun gefahrlos die Meere. Jetzt konnte er schwimmen und tauchen, wie er wollte. Zog er nahe an Stränden und Felsen vorbei, beschnupperten ihn neugierig Seehunde und Walrösser, Möwen erkundigten sich kreischend nach den nächsten Fischschwärmen.

Doch besser noch gefiel es Jonas unter Wasser. Er bestaunte bunte Korallenbänke, Haie verwickelten ihn in Gespräche und der Blauwal lud ihn zum Mittagessen ein. Sogar ein Tintenfisch malte mit seiner dunkelblauen Tinte auf Jonas' roten Holzrumpf und hinterließ violettes Gekritzel. Exotische Fische nahmen in seinem breiten Maul Platz und wurden seemeilenweit zu fernen Riffen und tiefen Unterwasserschluchten getragen. Der Schiff-Fisch vergaß fast die Zeit.

Nach drei mal sieben Wochen tauchte Jonas an einer fremden Küste wieder auf. Sosehr er sich auch anstrengte, er konnte nur Sand, Sand und noch einmal Sand sehen. Das musste die Wüste von Afrika, die Sahara, sein. Gern wäre der Schiff-Fisch an Land gegangen, um die Geheimnisse der Wüste zu erkunden. Aber als Schiff-Fisch war sein Element nun mal das Meer. Da betete Jonas zum lieben Gott:

„Lieber Gott, hilf mir, das Meer zu verlassen. Ich möchte die Sandwüste kennen lernen."

Tief aus dem Kombüsenmagen des Schiff-Fisches drang die Stimme des Eiskristalls: „Der liebe Gott hat dich geschickt, um mich aus dem Eisberg zu befreien. Aber weil du mir einmal geholfen hast, will ich dir helfen… Dromewomedarawara!"

Und ehe es sich der Schiff-Fisch versah, wuchsen aus seinem Holzrumpf sechs Kamelfüße. Nun war Jonas zum Schiff-Fisch-Kamel geworden, das sich als Wüsten-Schiff auf den Weg machte.

Jonas wanderte durch die unendliche Sahara. Kein Mensch oder Tier begegnete ihm. Tagsüber war der Sand heiß und die Luft flimmerte vor Hitze. Doch sobald die Sonne vom Abendhimmel verschwunden war, wehte ein bitterkalter Wind und das Schiff-Fisch-Kamel fror fürchterlich. Jonas buddelte sich deshalb eine große Kuhle in den noch warmen Sand, legte sich hinein und überstand so den schlimmen Wüsten-Nachtfrost.

Drei mal sieben Tage zog Jonas einsam durch die Sahara. Er bekam Hunger und Durst. Durch die Hitze verloren seine Fischschuppen ihren wunderbaren Glanz, seine roten Schiffsbretter dorrten aus und seine Kamelbeine wurden dürr und kraftlos. Da kam das Schiff-Fisch-Kamel zu einem kleinen Dattelhain mitten in der endlosen Sandwüste. Die Datteln an den Palmen verströmten einen süßen, verführerischen Duft. Nie hatte Jonas etwas Herrlicheres gerochen. Aber sie hingen unerreichbar hoch.

„Lieber Gott, erbarme dich meiner und gib mir die Datteln", schluchzte Jonas in seiner Verzweiflung.

Und wieder hörte er tief aus dem Kombüsenmagen die Stimme des Eiskristalls: „Der liebe Gott hat dich geschickt, um mich aus dem Eisberg zu befreien. Aber weil du mir einmal geholfen hast, will ich dir helfen... Girafforumsalaborum!"

Augenblicklich wuchs dem Schiff-Fisch-Kamel

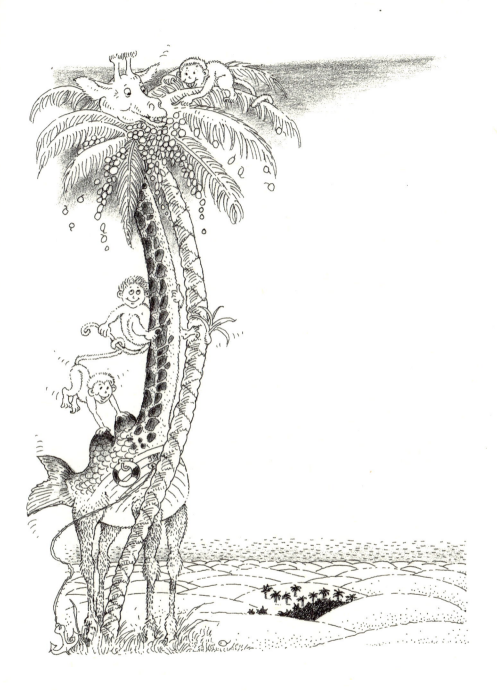

ein langer Giraffenhals, genau dort, wo früher der große Schiffsmast gestanden hatte. Jonas war lustig anzusehen: unten dürre Kamelbeine, dann ein hölzerner Schiffsbauch und darüber ein schuppiger Fischrücken, aus dem ein fleckiger Giraffenhals ragte, eine Schiff-Fisch-Kamel-Giraffe eben. Jetzt konnte Jonas ohne Schwierigkeiten die hoch hängenden Datteln erreichen und vertilgen. Ausgehungert, wie er war, fraß er sich bald durch den ganzen Dattelhain. Die Schiff-Fisch-Kamel-Giraffe war gerettet.

Als aber nun Jonas die letzte Dattel mit seinen Giraffenlippen und Giraffenzähnen gepackt hatte, um sie genüsslich zu verspeisen, da hörte er aus dem Inneren der Frucht eine helle Stimme: „Bitte, bitte verschone mich!"

Vor lauter Überraschung hätte Jonas fast die Dattel verschluckt, so jedoch legte er sie sanft auf dem Sandboden ab. Dort wuchs die Dattel und wurde größer und größer. Als sie so hoch wie ein Mensch geworden war, platzten die Dattelschalen auf und aus dem Kern trat ein wunderschönes Mädchen. Schwarze Haare hatte sie, rote Lippen, blütenweiße Zähne und blaue Augen.

Mit einem Lächeln sprach sie: „Gesegnet seist du! Du hast mich vom Zauberbann befreit. Ich bin die Prinzessin Suleika. Der böse Magier Ben Ali hat mich einst in eine Dattel verwandelt, um sich an meinem Vater, dem Sultan der Dschinns, zu rächen. Weil du mich erlöst hast, werde ich dir das geheime Reich meines Vaters zeigen."

Suleika verneigte sich, machte drei anmutige Tanzschritte, kniete sich dann nieder und zog an einem kräftigen Palmensprössling, der in der Mitte des Dattelhains wuchs. Mit Leichtigkeit hob sie die Pflanze samt Wurzelballen und der daran hängenden Erde hoch und legte sie zur Seite. Dort, wo die Dattel gestanden hatte, war nun ein großes schwarzes Loch. Suleika machte eine einladende Handbewegung und Jonas folgte ihr in die Dunkelheit hinab. Den Giraffenhals musste er dabei allerdings einziehen.

Sie schritten durch einen langen Gang, der immer tiefer ins Erdreich führte, bis sie schließlich vor einer silbernen Tür standen. Suleika öffnete sie… und soweit das Auge reichte, sah man einen blauen, glitzernden See, der sich in einer riesigen unterirdischen Grotte erstreckte. Goldene Sterne leuchteten vom fernen Grottendeckenhimmel.

Die Prinzessin erzählte nun von dem Silberschloss ihres Vaters am anderen Ende des Sees und bat die Schiff-Fisch-Kamel-Giraffe um eine große Schuppe als Schwimmunterlage, um dorthin gelangen zu können. Denn nur ein Fisch – oder eben ein Schiff-Kamel-Giraffen-Fisch – könne den verzauberten See durchqueren. Jonas gab ihr gern das Verlangte und gemeinsam schwammen sie los. Kaum aber waren sie ein Stück weit gekommen, stieß Suleika mit der Fischschuppe gegen einen im Wasser verborgenen Felsen und drohte zu versinken.

„Hilfe! Hilfe! Ich ertrinke!", rief sie.

Jonas war schnell zur Stelle und hob die ohnmächtig gewordene Prinzessin mit seinem Giraffenmaul und Giraffenhals auf den Fischrücken. Weil die Schuppen jedoch vom Wasser glitschig waren, rutschte Suleika immer wieder in den Grottensee. Das wurde Jonas bald zu dumm und er schluckte die Prinzessin einfach durch sein Giraffenmaul. Sie rutschte an Kiemen und Gräten vorbei in den Kombüsenmagen.

Während Jonas den Grottensee durchschwamm – drei mal sieben Stunden lang –, lag die Prinzessin ohnmächtig, aber sicher im finsteren Schiffsbauch. Eine Stimme flüsterte Suleika sanft viele Dinge ins Ohr. Über eine aufregende Zukunft, die noch auf sie warte und viele Erlebnisse bereithalte. Durch die Stimme geweckt, erwachte sie schließlich aus ihrer Ohnmacht und kletterte an einer Strickleiter im Giraffenhals hoch. Als Suleika aus dem Giraffenmaul blickte, sah sie am nahen Ufer das Silberschloss ihrer Eltern, das in einem unwirklichen Licht schimmerte. Schnell war das Ufer erreicht, und die Prinzessin rief laut aus dem weit aufgerissenen Giraffenmaul heraus: „Salem aleikum!"

Kaum hatte sie den Zaubergruß dreimal wiederholt, da öffnete sich das Prachttor des Silberschlosses und hervor trat ein stattlicher Mann, der auf seinem Haupt einen schneeweißen Turban trug.

Er breitete vor Freude die Arme weit aus und sprach laut: „Salem aleikum, komm und lass dich umarmen, Suleika, meine liebe Tochter!"

Jonas, die Schiff-Fisch-Kamel-Giraffe schritt auf

seinen langen Kamelbeinen zum Prachttor des Silberschlosses, beugte den Giraffenhals zur Erde und entließ die jubelnde Suleika in die Arme ihres Vaters, des Sultans der Dschinns.

„Diese Schiff-Fisch-Kamel-Giraffe namens Jonas hat mich vor dem Ertrinken gerettet", berichtete Suleika ihrem Vater.

„Lieber Jonas, ewig werde ich dir dafür dankbar sein! Doch ich glaube, es gibt noch jemand anderen, dem mein Dank gebührt, weil er dich, du Schiff-Fisch-Kamel-Giraffe, zur Rettung meiner Tochter hierher gebracht hat", meinte der Sultan und klopfte Jonas dreimal auf den hölzernen Bauch. Ein Zittern durchlief darauf den ganzen Schiff-Fisch-Kamel-Giraffen-Körper. Und tief im Kombüsenmagen zerplatzte die letzte Eisschicht des Eiskristalls, die durch die Gluthitze der Wüste noch nicht abgetaut war.

Es dauerte nicht lange und ein junger Mann kletterte aus dem Giraffenmaul Jonas' hervor und stellte sich mit folgenden Worten vor: „Ich bin Prinz Michael von Oblomoya. Viele Jahre war ich eingeschlossen in einem Eisberg, bis mich Jonas in meinem Kristallgefängnis an Bord genommen hat. Zur Buße wegen meines kalten Herzens wurde ich eingefroren. Aber die Reue und die heiße Sahara haben mir das Herz erwärmt und mich lebendig gemacht und du, Sultan, hast die letzte Eiskruste gesprengt."

Suleika blickte den Prinzen verwundert an und meinte: „Deine Stimme kommt mir seltsam bekannt vor. Du warst es also, der mich im Schiffsbauch aus langer Ohnmacht erweckt hat!"

Jetzt nahm die Freude kein Ende mehr. Der Prinz und die Prinzessin herzten und küssten sich und noch auf der Stelle versprachen sie sich ewige Treue. Da wurde ein großes Hochzeitsfest auf dem Silberschloss ausgerichtet. Von überall her über unterirdische Gewässer und Gänge strömte eine wundersame Gesellschaft zusam-

men. Jonas, das kleine Segelschiff, wurde Trauzeuge – mit vor Stolz geblähten weißen Segeln. Denn schnell noch hatte der Zauber-Sultan die Schiff-Fisch-Kamel-Giraffe entzaubert, eben in Jonas, das Segelschiffchen, einen Fisch, eine Giraffe und ein Kamel. Alle fanden sie eine neue Heimat im geheimen Reich unter dem Dattelhain.

Auf dem Höhepunkt des Festes wurde die riesige Hochzeitstorte angeschnitten und Jonas erhielt ein großes Stück. Doch das schenkte er den Möwen, die damals im Hafen das Haltetau durchgepickt hatten. Schließlich hätte sich ohne sie diese Geschichte niemals ereignen können.

Die Glücksmargerite

Früher, als die Handwerksgesellen noch bei den Meistern wohnten und ihre Lehrzeit in fremden Orten und Werkstätten verbrachten, konnte auch ein Schneidergeselle nicht ruhig auf der Ofenbank sitzen bleiben, er musste hinaus, auf Wanderschaft, und sein Glück in der Ferne suchen. Zu Fuß war er dabei unterwegs, lief Stunden durch Wälder, Wiesen und Felder.

Auf seiner Wanderung nun entdeckte einmal ein Schneidergeselle dicht am Wegesrand eine große, einsam stehende Margerite. Er betrachtete sie zuerst verwundert, da sie nur vier Blütenblätter besaß. Und weil sie ihm gefiel – diese merkwürdige Blume erinnerte ihn an ein vierblättriges Glückskleeblatt –, rupfte er sie vom Stengel. Er steckte die Margerite an seinen Hut und wanderte weiter.

Schließlich begann den Schneidergesellen der Durst zu quälen. An einem munteren Bächlein kniete er sich nieder und neigte seinen Kopf zum Trinken. Dabei fiel ihm der Hut ins Wasser und schwamm auf den Wellen davon. Doch der junge Schneider gab sich nicht so schnell geschlagen, er rannte dem dahintanzenden Hut nach, erwischte ihn glücklich und zog das nass und unförmig gewordene Stück Filz aus dem Wasser. Die Margerite war verschwunden. Der Bach hatte sie mitgenommen.

Die vierblättrige Blume wurde währenddessen weit unten an einer Biegung des Bachs ans Ufer geschwemmt.

Ein kleines Schaf sah die Margerite mit den großen Blütenblättern in der Sonne liegen und wollte sie schon fressen.

„Bitte, friss mich nicht, ich werde es dir danken", sprach da auf einmal die Blume. Das Schaf blökte zwar enttäuscht, machte sich aber dann doch auf, um weiter weg nach ein paar saftigen Halmen zu suchen.

Ein buckliges Kräuterweiblein, das des Weges kam und Spitzwegerich in ihrem Korb sammelte, sah die Margerite und wollte sie schon aufheben.

„Bitte, nimm mich nicht, ich werde es dir danken", sprach wieder die Blume.

Das Kräuterweiblein schnäuzte sich zwar enttäuscht ins Sacktuch, machte sich aber dann doch auf, um weiter weg nach ein paar kräftigen Kräutern zu suchen.

Eine Schwalbe, die gerade zum Tiefflug angesetzt hatte, erspähte die Margerite und wollte sie schon in den Schnabel nehmen.

„Bitte, pick mich nicht auf, ich werde es dir danken", sprach erneut die Blume.

Die Schwalbe schlug einmal enttäuscht mit den Flügeln, schwang sich aber dann doch hoch in die Luft, um weiter weg nach ein paar saftigen Insekten zu suchen.

Ein junger trauriger Dichter, versunken in Gedanken an seine untreue Liebste, kam nun heran, bemerkte die vierblättrige Margerite und hob sie auf. Nach alter Sitte wollte er seinen Zweifeln an der Treue seiner Geliebten ein Ende bereiten. Er ergriff eines der Blütenblätter und wollte es schon abzupfen.
„Bitte, zupf mich nicht, ich werde es dir danken", sprach die Blume.
Doch der traurige Dichter hörte sie nicht. Weil ihm aber das lustige Plätschern des Bachlaufs nicht gefiel, überlegte er es sich noch einmal anders. Er steckte die Margerite in die Tasche und ging davon, um weiter weg nach einem passenden Ort für seine Traurigkeit zu suchen.

Endlich fand er auf einer wilden Wiese vor einem verlassenen Gehöft einen alten Ziehbrunnen. Der junge Dichter setzte sich auf den steinernen Rand

des Brunnens und nahm die Margerite heraus. Das erste Blütenblatt fiel, bald darauf die nächsten. Jeweils im Wechsel sprach er dazu: „Sie liebt mich!" Zupf. „Sie liebt mich nicht!" Zupf. „Sie liebt mich!" Zupf. Schließlich war nur noch ein Blatt übrig und es hieß: „Sie liebt mich nicht!" Zupf.

Von Schreck und Enttäuschung tief getroffen, stürzte sich da der verzweifelte Dichter mit dem letzten Margeritenblatt in der Hand in den tiefen Schacht des Ziehbrunnens hinunter. Die drei anderen ausgezupften Blütenblätter aber verwehte der Wind.

Eine Gänseliesel, die ihre Gänse über die Wiese trieb, sah den Stängel der entblätterten Margerite am Brunnenrand liegen und wunderte sich, wo die schönen weißen Blütenblätter geblieben waren. Voller Mitleid hob sie die Blume auf und drückte sie an die Brust, dorthin, wo ihr Herz pochte.

Plötzlich blitzte es hell und – o Wunder – die Margerite verwandelte sich in einen schönen Prinzen, allerdings ganz ohne Arme und Beine, der sprach: „Dein Herzklopfen voller Mitleid hat mich

gerettet. Ich bin ein reicher Prinz, den ein böser Zauberer einst verhext hat. Und wenn du willst, werde ich dich aus Dank für meine Rettung heiraten, solltest du mich ohne Arme und Beine mögen. Dann musst du keine Gänse mehr hüten und wohnst bei mir im Palast."

Die Gänseliesel dachte, der junge Mann schwindele sie an. Er gefiel ihr aber schließlich doch so gut, dass sie trotz allem in seinen Vorschlag einwilligte. Endlich hatte sie außer ihren Gänsen einen Menschen, mit dem sie sich unterhalten konnte, zudem würde sie bald das Gänsegeschnatter los sein, das ihr immer Kopfschmerzen bereitete. Aber ein bisschen zweifelte sie immer noch an seiner Geschichte.

Die Gänseliesel hob den Prinzen auf ihre stärkste Gans, stützte ihn ein wenig und fort gings

zu seinem angeblichen Schloss. Als die beiden nun durch das Land kamen und alle Menschen dem jungen Mann zuriefen: „Hoch lebe unser Prinz!", da schwanden auch bei ihr die letzten Zweifel. Wenige Tage später heirateten der Prinz und die Gänseliesel.

Doch was war mit den Blütenblättern geschehen?

Der Wind hatte ein Margeritenblatt zu dem Schaf geweht, ein anderes zu der Schwalbe und das letzte zu dem Kräuterweiblein. Weil nun die drei auf die Bitten der Margerite gehört hatten, wurden sie auch vom Prinzen und seiner Braut zur Hochzeitsfeier eingeladen. Zum Geschenk machten sie dem königlichen Paar die drei gefundenen weißen Blätter.

Als sie den glücklichen Eheleuten die Reste der Margerite überreichten, brach der Prinz in Tränen aus.

„Schau, Gänseliesel, diese Blütenteile sind meine Arme und Beine. Aber erst wenn ich alle vier Blätter auf die Stelle legen kann, an denen meine Glieder angewachsen waren, werde ich wieder Arme und Beine bekommen. Wer mir also das letzte Margeritenblatt bringt, soll sich wünschen und soll erhalten, was immer er will."

Sobald das Schaf, die Schwalbe und das Kräuterweiblein dies vernommen hatten, machten sie sich auf die Suche nach dem vierten Blütenblatt der Margerite.

Die drei kamen schließlich zu dem verlassenen Gehöft und an den steinernen Ziehbrunnen, in den sich der unglückliche Dichter gestürzt hatte. Dort unten, ganz am Grunde des ausgetrockneten Brunnenschachtes, saß er noch immer, zusammen mit einigen dicken Kröten, und hing seinen schweren Gedanken nach.

Das Kräuterweiblein beugte sich vorsichtig über den Brunnenrand und rief hinunter: „Hallo, hast du das vierte Blütenblatt der Margerite?"

„Ja, ich habe es", antwortete der Dichter. „Braucht ihr das Blatt?"

„Der frisch verheiratete Prinz benötigt es, damit ihm wieder beide Arme und Beine nachwachsen, und hat deswegen eine Belohnung ausgesetzt."

Da beschloss der traurige Dichter, Unglück Unglück sein zu lassen, und bat die Kröten, ihn zum

Brunnenrand hochzuschieben. Oben angekommen, sagte er zu dem Schaf, der Schwalbe und dem Kräuterweiblein: „Dieses Blütenblatt bringe ich aber ganz persönlich dem Prinzen!"

Und als der Dichter hörte, was der Prinz versprochen hatte, dachte er bei sich: Warum mit den anderen teilen, wenn ich die Belohnung allein haben kann!

Darauf scherte er dem Schaf die Wolle, damit es sich nackt im Wald verstecken musste, zertrat den Korb des Kräuterweibleins, damit sie neue Kräuter im Wald sammeln musste, und rupfte der Schwalbe die langen Schwanzfedern aus, damit sie nicht mehr fliegen konnte. Dann ging er frohgemut zum Palast des Prinzen.

Die Gänseliesel und ihr Gatte waren überglücklich, als der Dichter das ersehnte Blütenblatt brachte.

„Was wünschst du dir nun als Belohnung zum Tausch für das vierte Margeritenblatt?", fragte der Prinz.

„Ich will alles… dein Schloss, deine Schätze, dein Land, damit ich mich über meine verlorene

Liebe hinwegtrösten kann", antwortete der traurige Dichter, der das Glück der beiden nicht mit ansehen konnte.

Der Prinz war entsetzt und wollte schon sein Versprechen brechen und den Dichter aus dem Palast jagen, doch die Gänseliesel meinte nur: „Bitte, gib ihm, was er verlangt, damit du wieder heil am ganzen Körper wirst. Das wäre für mich das größte Glück auf der Erde."

Also bekam der traurige Dichter Schloss, Schätze und Land, der Prinz hingegen das vierte Blütenblatt. Die Gänseliesel legte ihrem Mann schnell die vier Blätter an Schulter und Rumpf. Sofort wuchsen ihm zwei Arme und zwei Beine nach. Und die Gänseliesel und ihr nun vollständiger Liebster herzten und drückten sich. Allerdings waren beide jetzt arme Leute.

Voller Zorn über seine plötzliche Armut ergriff der Prinz den Dichter und wollte ihn schon erschlagen. Die Gänseliesel aber bat um das Leben des traurigen jungen Mannes: „Bitte, steh zu deinem Wort und lass ihn. Er kann nichts für seine Selbstsucht, denn er hat kein Glück in der Liebe so wie wir."

Der Prinz tat ihr den Gefallen. Und nachdem sich der Dichter von seinem Schreck erholt hatte, erzählte er den beiden von der untreuen Geliebten. Da vergoss die Gänseliesel viele Tränen und versprach: „Wir bringen dir deine Liebe zurück."

Gesagt, getan: Eines Tages stand die untreue Geliebte vor dem Dichter. Und als sie erfuhr, wer der Besitzer des Schlosses und des Landes war, fiel sie dem jungen Mann begeistert um den Hals und gelobte ihm ewige Treue.

Zur Trauung des jetzt glücklichen Dichters mit der jetzt treuen Geliebten gingen nicht nur die Gänseliesel und ihr Prinz, in die Kirche kamen auch das Schaf ohne Wolle, die Schwalbe ohne Schwanzfedern und das Kräuterweiblein mit dem zertretenen Korb.

Der Dichter sah die merkwürdigen Hochzeitsgäste und schämte sich furchtbar. Bevor noch der Pfarrer während der Trauungszeremonie zur Stelle mit den Ja-Versprechen gekommen war, flüsterte der Dichter seiner zukünftigen Frau ins Ohr: „Geh hinaus in den Kirchgarten und hol uns noch schnell viele schöne Margeriten."

Seine Braut tat ihm den Gefallen. Und als die Hochzeitsglocken läuteten, warf der jetzt glückliche Dichter den Margeritenstrauß über die Gäste, worauf der Schwalbe wieder Federn wuchsen, das Schaf wieder Wolle bekam und der Korb des Kräuterweibleins sich wieder zusammenfügte.

Es wurde noch ein sehr schönes Hochzeitsfest. Am Ende beschlossen die drei, Schwalbe, Schaf und Kräuterweiblein, für immer in der Nähe des Schlosses zu bleiben. Sie zogen in das kleine Haus der Gänseliesel und des ehemaligen Prinzen, die beide vom glücklichen Dichter zu persönlichen Ratgebern ernannt worden waren. Die Schwalbe holte von nun an immer die Sonne an den Himmel, das Schaf lieferte die Wolle für die

kalten Tage und das Kräuterweiblein kochte die besten Kräutersuppen.

Der Dichter und seine Liebste aber lebten zufrieden im Schloss, denn jeder hatte nun das, was er sich am meisten wünschte.

Und der Schneidergeselle vom Anfang der Geschichte? Vielleicht ist er immer noch auf Wanderschaft, streicht durch die Wiesen und sucht sein Glück in der Ferne.

Der gefärbte Elf

Einmal stolperte ein kleines blondes Mädchen im schnellen Lauf über die eigenen Füße, stürzte und scheuerte sich an einem scharfkantigen Stein das rechte Knie wund. Der Schmerz ließ es aufstöhnen und durch seinen kleinen Schrei erschrak weit weg auf einer Waldwiese ein Elf, der gerade auf einer besonders weichen Wollblume unter einem Tollkirschenstrauch eingeschlafen war. Er verlor den Halt, fiel herab und landete mitten auf der Wiese zwischen den verstreuten Tollbeeren.

Durch den Aufprall zerplatzten die Tollfrüchte und bekleckerten den Elfen mit ihrem giftigen Saft. Der gefallene Feenmann, der sein Gewand ruiniert sah und sein Gesicht durch die dunkle Flüssigkeit verunstaltet fand, wurde zornig und rachsüchtig.

Er machte sich auf, um das kleine blonde

Mädchen zu finden, dem er seinen Sturz zu verdanken hatte.

Der Elf musste nicht lange suchen, das Mädchen lag schlafend in der Kammer auf der Burg seiner Eltern. Weil er nun glaubte, seine Schönheit sei auf ewig dahin, flüsterte er dem Kind hässliche Sachen ins Ohr. Es sollte ruhig dunkle Alpträume bekommen.

Doch das kleine blonde Mädchen lächelte über irgendetwas Schönes, das es im Traum erlebte, und ließ sich durch kein Flüstern beeinflussen. Daraufhin wurde der gefleckte Elf so wütend, dass er dem schlafenden Kind einfach ganz fest ins Ohrläppchen biss. Die Zähne des rachsüchtigen Feenmannes aber waren vom Saft der Tollkirschen verfärbt und deren Gift drang in die kleine Wunde.

Im schweren Schlaf schrie da das blonde Mädchen laut auf. Der Schall seines Schmerzensschreis umrundete wie eine große Flutwelle den ganzen Erdball und ließ alle Wesen vor Entsetzen innehalten.

Eine tiefe, unheimliche Stille umhüllte fortan die Welt.

Die große Glocke von St. Peter in Rom, die eben zum Angelus zu läuten begonnen hatte, verharrte im Schwung, als der Schmerzensschrei des kleinen blonden Mädchens zu ihr drang. Die Glocke schluckte auf der Stelle alle Klänge und hielt ihren Klöppel fest. Tonlos und schief hing sie von jetzt an im Gebälk.

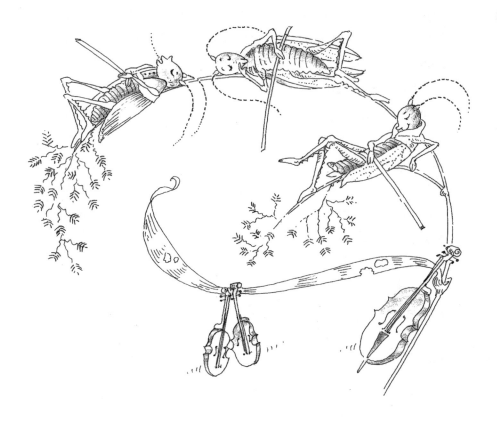

Das Gras raschelte nicht mehr. Die Vögel schwiegen, der Wind stellte sein Brausen ein, das Meer verstummte. Selbst die Heuschrecken zirpten nicht mehr und kein Wort kam über eines Menschen Lippen.

Während eines Konzerts in Berlin verwandelten sich die Paukenschläge mitten in Beethovens 9. Sinfonie schnurstracks zu Glaskugeln über dem Kopf des Trommlers. Und als der Mann mit seiner rechten Hand nach den Kugeln greifen wollte, erstarrte der Arm plötzlich in der Bewegung. Wie eine mahnende Marmorfigur stand der Trommler fortan im Konzertsaal.

Im zoologischen Garten Samiramar auf den Antillen hielt der weltbekannte Kakaduloge Professor Manolito einen Vortrag über seine bahnbrechenden Forschungen. Gerade als er die „erstaunliche Auswirkung des Kakadurufes auf den Bewegungsablauf zweibeiniger Zuhörer" demonstrierte, erreichte ihn der Schrei des kleinen blonden Mädchens… und der „Kakaduruf" verstummte und alle „zweibeinigen Zuhörer" standen still in ihrem „Bewegungsablauf".

Ein Eichhörnchen, das eben noch eine Haselnuss höflich gefragt hatte, ob es sie knacken dürfe, blieb regungslos auf dem dürren Ast sitzen, der plötzlich unter seiner Last abgebrochen war.

Doch nichts passierte: Eichhörnchen und Ast hingen schwerelos in der Luft.

Und auch die Triebwerke eines Flugzeuges verstummten über den Wolken. Mit allen seinen Passagieren an Bord fror es am Himmel fest.

Selbst noch einen fernen Stern erreichte der Schmerzensschrei des kleinen blonden Mädchens. Dort lebte Kunigunde, die mächtige Königin der Jupiterringe, mit ihrem schmächtigen Sohn Kunibert, dem Verwalter des siebten violetten Jupiterlichts.

Die Schallwellen des Schreis, die in einen bunten Zyklonensturm eingebettet waren, überwanden alle Mauern des Jupiter-Schlosses, überfluteten alle Wachen vor den königlichen Gemächern, brandeten schließlich bis zum Thron der Königin und liefen erst vor ihren Füßen aus. Der Schallsturm war abgeflaut und die Jupiterkönigin Kunigunde und ihr Sohn Kunibert fragten sich, von wem der verzweifelte Schrei eigentlich herstammte.

Der Hofastronom Kalkerich musste sofort sein

Hyperschallwellenfernrohr holen und die Bahn des Sturms zurückverfolgen. So erfuhren sie von dem kleinen blonden Mädchen und dem rachsüchtigen Elfen.

Da befahl die Jupiter-Königin ihrem Sohn, sofort den schnellsten Lichtstrahl des Universums zu satteln und sich aufzumachen. Kunibert, der Verwalter des siebten violetten Jupiterlichts, sauste mit Lichtgeschwindigkeit zur Erde los.

Auf seinem Lichtross zischte Kunibert über die Milchstraße, an Sonne und Mond vorbei, durch weiße Wolken hindurch, auf die blau schimmernde Erde zu. Als der Strahl mitten durch ein Burgfenster den steinernen Boden einer kleinen Schlafkammer berührte, fiel Kunibert von seinem strahlenden Ross und purzelte dem rachsüchtigen Elfen geradewegs zwischen die Beine. Der keuchte vor Überraschung kurz auf, wurde aber schon vom Schwung des Jupiterlichtverwalters umgerissen und unter das Bett des kleinen blonden Mädchens gedrückt. Dort lag er böse eingeklemmt zwischen den Bettpfosten, vor Schreck verstummt.

Kunibert hatte nun Gelegenheit, sich das Gesicht des kleinen blonden Mädchens in aller Ruhe anzuschauen. Erst staunte er – seit es den Schrei ausgestoßen hatte, stand ihm der Mund offen –, dann küsste er es einfach auf die weiche Wange. Der Mund des Mädchens schloss sich. Es schlug die Augen auf und gab dem verdutzten Kunibert einen dicken Schmatz auf den Mund.

Plötzlich flogen die Flugzeuge wieder.
Das Meer rauschte wieder.
Die Vögel sangen wieder.

Des Trommlers Paukenschläge wirbelten wieder.
Die große Glocke von St. Peter läutete wieder.
Und das Eichhörnchen knackte seine Haselnuss.

Die Heuschrecken zirpten wieder.
Das Gras raschelte wieder.
Der Regen regnete, die Winde wehten wieder.
Und die Menschen redeten miteinander.

Das kleine blonde Mädchen fragte den noch etwas verwirrten Kunibert, wo er denn her-

komme. Also erzählte er ihm alles von seiner fernen Heimat Jupiter und von seiner Mutter. Das kleine blonde Mädchen wollte darauf unbedingt Kuniberts Mutter kennen lernen. Es meinte, die Jupiter-Königin könne doch mitfeiern, wenn in den nächsten Tagen das große Aufwachfest im Burghof veranstaltet werde. Das schien dem Jupiterlichtverwalter eine tolle Idee zu sein, schnell bügelte er das zusammengestauchte Lichtstrahlross auf und schickte es mit der Einladung zum großen Aufwachfest zu seiner Mutter.

Durch die etwas unsanfte Landung in der Schlafkammer des kleinen blonden Mädchens war das einst lichtschnelle Strahlross zu einem sehr langsamen Weltraumfortbewegungsmittel geworden. Es dauerte eine ganze Weile, bis Königin Kunigunde die Nachricht erhielt. Um die verlorene Zeit einzuholen, vielleicht sogar zu überholen, und um doch noch rechtzeitig zum großen Aufwach-Fest zu kommen, bestellte sich die Jupiterkönigin bei ihrem Sternenzauberer Kaotobold das neueste Modell des megagigantosuperbeschleunigten Lichtstrahls IC 7 XY, „der mit dem Hyper-Sprung".

Kaum hatte die Königin nun auf dem chromstrahlenden Vehikel Platz genommen und das Reiseziel eingegeben, war sie auch schon – in minus null Komma nichts – an der Burg. Ihr Lichtstrahl drang ebenfalls durch das Burgfenster in die Schlafkammer des kleinen blonden Mädchens und ebenfalls prallte er etwas unsanft auf dem steinernen Boden auf. Die Jupiter-Königin purzelte unter das Bett des kleinen blonden Mädchens, unter dem noch immer der giftige Elf eingeklemmt war. Der keuchte vor Überraschung wieder kurz auf, wurde aber diesmal vom Schwung Königin Kunigundes unter dem Bett hervorgerissen… und zusammen kullerten sie durch die offene Türe hinaus, die Turmtreppe hinunter.

Während sich die Königin gerade noch an den zahlreichen Orden eines entgegenkommenden Burggenerals festhalten konnte, rollte der tollkirschensaftgetränkte Elf die ganze lange Turmtreppe hinab und fiel mit dem Kopf voraus in den Burgteich. Triefend und prustend tauchte er wieder auf – aber der Giftsaft war von ihm abgewaschen, seine Wut im kalten Wasser abgekühlt, seine Rachsucht hatte sich aufgelöst. Der jetzt saubere Elf kratzte sich einmal verlegen am Kopf und machte sich auf in Richtung Heimat, zurück zur Waldwiese und zur weichen Wollblume.

Kunibert, Kunigunde und das kleine blonde Mädchen aber umarmten und schworen sich: „Wir drei wollen nie mehr auseinander gehen."

Winzling

Winzlings Mutter starb noch im Kindbett. Der Vater konnte den Tod seiner Frau nicht verwinden und folgte ihr kurz darauf in das dunkle Reich. Winzling, gerade erst drei Tage alt, war klein und verlassen. Aber es fand sich ein Ehepaar, das ihn adoptierte. Sein Stiefvater wurde der Oberbürgermeister einer kleinen Stadt und seine Stiefmutter die Vorsitzende des Vereins „Kinder brauchen Lebensfreude! e. V."

Bis zum Alter von fünf Jahren sah Winzling den neuen Vater kaum, weil der immer viele Verpflichtungen hatte. Die Stiefmutter jedoch drangsalierte, schikanierte und piesackte den kleinen Jungen, wo sie nur konnte. Wenn sie mit ihm sprach, dann nur unter Hohn und Spott. Manchmal stach ihn die Stiefmutter mit einer spitzen Nadel, nur so zum Scherz, wie sie meinte, und lachte über seine Angst und „das bisschen Schmerz". Winzling wagte es nicht, sich ihr zu widersetzen: Hoch gewachsen maß seine Adoptivmutter über sechs Klafter und überragte sogar die jungen Tannen vor dem Haus.

Winzling hatte keine guten Tage.

War das Essen einmal angebrannt, das Zimmer kalt, Vaters Kleidung ungebügelt, das Wetter schlecht und das Geld knapp – wer hatte daran immer irgendwie die Schuld? Winzling, der Winzling! So war es auch kein Wunder, dass der Kleine traurig wurde, denn nie konnte er lachen, nie durfte er sich richtig freuen.

Wenn es die Stiefmutter mal wieder gar zu garstig getrieben hatte, flüchtete sich der Junge in den Garten seiner verstorbenen Eltern. Nach deren Tod war das Haus abgerissen und das ganze Grundstück sich selbst überlassen worden. Bäume, Sträucher, Blumen und Gräser wucherten dort in einer solchen Vielfalt und Wildheit, dass sich niemand sonst in das grüne Pflanzenreich hineinwagte – außer natürlich Winzling.

Sein Lieblingsversteck war unter einem großen, ausladenden Erdbeerstrauch, der inmitten wilder Dornenbüsche stand, wie ein Hauptmann inmitten seiner Pflanzensoldaten. Die Erdbeeren hatte noch die Mutter zu ihren Lebzeiten gepflanzt. Hier konnte er wunderbar träumen.

Auch diesmal war Winzling in den wilden Garten geflohen. Er hatte sich an seinen Lieblingsplatz zurückgezogen und lag, einen Arm unter dem Kopf, schlafend auf der Erde.

Seine Augen waren vom Weinen so rot wie die Erdbeeren, unter denen er ruhte. Im Schlaf noch rannen ihm Tränen über die Wangen wegen all der Schmerzen, die ihm die böse Stiefmutter zugefügt hatte.

Er begann zu träumen. Winzling erblickte vor sich den Garten, aber nicht verwildert, wie er ihn seit Jahren kannte, sondern gepflegt, die Bäume und Sträucher zurückgeschnitten, die Wege gerecht, das Gras gemäht. Auf einer Wiese stand eine Frau, und obwohl er seine wirkliche Mutter ja nur einmal als neugeborenes Kind gesehen hatte, wusste er im Traum sofort, dass sie es sein musste.

Sie lächelte mild, winkte ihn zu sich, hob ihn auf den linken Zeigefinger und sprach leise in sein Ohr: „Winzling, komm zu mir. Ich sehe dein Leid, mein lieber kleiner Winzling." Und nach einer Pause fuhr sie fort: „Im Himmel gelten andere Gesetze als auf Erden. Die Kleinsten sind hier die Größten und die Großen bedienen die Kleinen. Deine Adoptivmutter wird uns beiden einmal das Essen bringen und freundlich dazu lächeln. Wir werden ewig vergnügt in unserem Glück sein. Doch das wird nicht heute sein und auch nicht morgen. Bis es so weit ist, gibt es für dich noch viel zu erleben – Schönes und Trauriges… Aber ich will dir einen Rat mitgeben auf deine Lebensreise: Nicht immer ist etwas, wie es scheint. Und manchmal braucht es viel Mut – auch, um dem anderen zu vertrauen."

Winzling lächelte selig, blickte seiner Mutter in die schönen Augen und nickte still.

Hundegebell riss Winzling schroff aus seinem wunderbaren Traum. Die böse Adoptivmutter hatte ihre beiden Wachhunde auf die Suche nach Winzling geschickt. Sie schnüffelten bereits an einem Stachelbeerbusch ganz in der Nähe des Erdbeerstrauchs. Das Schnauben und Hecheln der Doggen war deutlich zu hören.

Winzling fasste sich ein Herz. Mit beiden Händen bog er die Erdbeerranken zurück, unter denen er geschlafen hatte, trat den Hunden mutig entgegen und sagte laut: „Die Kleinsten werden die Größten sein!"

Die Doggen wichen verdutzt etwas zurück, so war der Kleine ihnen gegenüber noch nie aufgetreten. Irritiert bellten beide, blieben jedoch wie angewurzelt stehen. Ein Winzling ohne Angst war für diese Hunde neu.

Da bekam der Kleine fast Mitleid mit den eingeschüchterten Doggen. Er griff in den Strauch und pflückte die schönsten und größten Erdbeeren.

Vorsichtig näherte er sich dann den schnüffelnden Hunden – der Duft der reifen Beeren war ihnen köstlich in die Nase gestiegen –, die Früchte als Geschenk auf ausgestreckten Händen. Nicht lange und die beiden hatten ihm die Erdbeeren weggefressen und weggeschleckt. Plötzlich schauten die Doggen ganz freundlich drein, wedelten sogar mit den Schwänzen. Noch nie in ihrem Hundeleben hatten sie von einem Menschen Erdbeeren bekommen. Sie beschlossen, für immer die besten Freunde von Winzling zu sein.

Die Stiefmutter, die gekommen war, um zu sehen, wie die Hunde den kleinen Jungen einschüchterten, hatte dieses ganze Schauspiel von einem Versteck aus überrascht mitverfolgt. Da wurde ihr bang ums Herz: Niemand außer ihr war bisher mit den Doggen zurechtgekommen, niemandem außer ihr hatten sie bisher gehorcht, nicht einmal ihrem Mann, dem Oberbürgermeister. Sie ahnte, dass dem Mut und der Stärke von Winzling ein Geheimnis zu Grunde lag. Heimlich schlich sich die Adoptivmutter davon. Ich glaube, ich muss nun mit Winzling achtsamer umgehen, dachte sie.

Abends saßen Winzling, sein Stiefvater, der Oberbürgermeister, und seine Stiefmutter, die Vorsitzende des Vereins „Kinder brauchen Lebenshilfe! e. V.", am weiß gedeckten Tisch und aßen Erdbeeren mit Sahne. Die Erdbeeren hatte Winzling aus dem Garten seiner Eltern mitgebracht, im Schlepptau die beiden Doggen, die auf dem Heimweg verspielt um ihn herumsprangen.

Seit diesem Abend ging es Winzling in seiner neuen Familie gut. Seine Adoptivmutter nahm ihn fortan immer mit auf die lustigen Kinderfeste des

Vereins „Kinder brauchen Lebensfreude! e. V."
und sein Adoptivvater ließ ihn bei den Stadtratssitzungen immer mit dem Hammer auf das Rednerpult klopfen.

Ja, manchmal braucht es nur ein wenig Mut…

Eine gute Tat

Hoch im Norden sprudelten seit tausenden von Jahren auf der Felsinsel Thinghelland die Geysire. Und einmal im Jahr, pünktlich um Mitternacht des dreizehnten Monats, brach der größte Geysir aus. Doch kein heißer Schwefelwasserstrahl schoss dann in die Höhe wie an den anderen Tagen während der anderen Monate – eine Urkraft schleuderte eine schwarze, übel riechende Fontäne aus der Unter- in die Oberwelt: das flüssige Gift des Bösen.

Und wie jedes Jahr wurden sie alle von dem bevorstehenden Ereignis angezogen, die am Schlechten Gefallen fanden und dem Schlechten verfallen waren: Im Morgengrauen des dreizehnten Tages des dreizehnten Monats wirbelte ein Sturm aus dem Norden die heimtückische Trolle, die einst dem Donnergott Thor den Hammer geraubt hatte, durch die Luft herbei.

Es kamen – von einem Taifun herangeschleppt – die Erinnyen aus dem alten Griechenland, immer auf der Suche nach Rache. Wenn es kein Verbrechen zu rächen gab, stifteten sie Unheil.

Teufel aus der Hölle schwammen im Lavastrom eines Vulkanausbruchs ans Licht – süchtig nach bösen Taten und Elend. Für sie gab es nichts Schöneres, als sich mit höllischem Gelächter im Jammer und Leid der Menschen zu suhlen.

Die Hexen vom Blocksberg flogen auf düsengetriebenen Besenstielen den Geysirtanz des Schreckens. Ihre Flugbahnen wurden dabei enger und enger, bis sie alle in einem einzigen Augenblick aufeinander stießen. Und das ganze Hexengemenge explodierte mit einem einzigen furchtbaren Knall und zerplatzte in einzelne Körperteile: Arme, Beine, Füße, Rumpfteile, Hände, Finger, Augen, Ohren, Nasen fielen wie Hagelschauer auf den glitschigen, gelblichen Inselboden von Thinghelland. Die Hexenmünder, die überall herumpurzelten, schrien wie irr und erfüllten die Luft mit ohrenbetäubendem Lärm.

Aus den Hexenarmen wurden giftige Schlangen, aus den Hexenbeinen giftige Leguane, aus den Hexenohren giftige Skorpione, aus den Hexenaugen giftige Quallen, aus den Hexenfingern giftige Lurche und aus den Hexennasen giftige Krebse.

Und im Morgengrauen des dreizehnten Tages des dreizehnten Monats warf das lila schimmernde Meer eine schreckliche Armee an das Ufer von Thinghelland: Hyänen, die an Stelle ihrer Läufe Räder besaßen, Skorpione, die ihre Scheren mit Panzerfäusten bestückt hatten, Krokodile, deren Schwänze keine Schwänze mehr waren, sondern Raketen als Abschussbasis dienten, riesige gift-

grüne Todesspinnen, die auf Teleskopbeinen Jagd auf alles machten, was sich bewegte.

Keine Ordnung, kein Ziel schien diese Armee des Bösen zu haben, die grauenhaften Wesen bekriegten sich untereinander und bis zum Abend wurden immer neue Bataillone an die Gestade der Felsinsel getrieben.

Und doch waren sie alle aus einem einzigen Grund, ob nun zu Wasser oder durch die Luft, auf Thinghelland zusammengekommen: Sie wollten um Mitternacht des dreizehnten Tages des dreizehnten Monats aus dem großen Geysir trinken, um sich wieder mit der bösen Energie aufzuladen. Im letzten Jahr hatten sie auf der Welt so schlimme Dinge getan, dass ihre Kraft beinahe verbraucht war. Zu Fuß, zu Huf oder zu Kralle gelangten viele der bösen Wesen nur mehr mit letzter Anstrengung über die Inselklippen zum Geysirfeld.

Eine Stunde vor Mitternacht rückte dann eine Prozession von dreizehntausenddreizehnhundertunddreizehn weiß schimmernden, kopflosen Totengerippen an. Sie erreichten unter dem Absingen von wüsten Liedern den Festplatz rund um den Geysir. Dreizehntausenddreizehnhundertunddreizehn phosphoreszierende Schädel schwebten über ihnen in der Luft und stöhnten unaufhörlich. Die Skelette griffen sich die Totenköpfe, hielten sie bereit, um sie mit dem Gift aus dem Geysir zu füllen, an Mitternacht.

Danach kamen die Fürsten, Könige und Kaiser des Bösen, in blutigen, zerrissenen, einst prunkvollen Kleidern, geschmückt mit der Beute ihrer Raubzüge, begleitet von den Klagen der Unterdrückten.

Und ganz zum Schluss – die Unnennbaren aus den tiefsten Schlünden der Hölle, der für den Norden, der für den Süden, der für den Osten und der für den Westen.

Wildes Geschrei erhob sich, Teufel und Hexen drängten sich heran an die vier, kreischten und prahlten von ihren Untaten in allen Erdteilen, in Europa, Afrika, Asien, Amerika …

Und durch die schwarzen Wolken glänzte ein blutroter Vollmond.

Mitternacht rückte näher.

Gerade in dieser nordischen Nacht, als das Treiben auf Thinghelland dem Höhepunkt zustrebte, begegnete ein kleines Kind der Nachbarinsel Gröndal einem jungen, abgemagerten Lamm, das sich ihm hungrig in den Weg stellte und nach etwas Futter verlangte.

Weil aber kaum noch ein Blatt oder ein Halm zu dieser Jahreszeit auf dem kargen Eiland zu finden war, welches das Kind mit seinen Eltern, armen Fischern, bewohnte, ging es zum Strand und fischte mit dem Netz Algen aus dem Meer. Das Kind bemerkte, dass diese dem kleinen Schaf gut schmeckten, darum warf es das Netz noch einmal aus.

Als jetzt jedoch der Fang eingeholt wurde, hing gefesselt zwischen den Algen ein wunderschöner Engel. Lamm und Kind machten sich sogleich daran, den Gefangenen von seinen feuchten Fesseln zu befreien. Das war keine leichte Aufgabe, er war ja fest in die grünen Stränge verstrickt. Erst nach und nach konnten sie ihn herausschälen.

Erlöst und erleichtert erzählte der Engel dann, wie er in diese missliche Lage geraten war. Früher hatte er den großen Geysir bewacht, damit die bösen Kräfte zur Mitternacht des dreizehnten Tages des dreizehnten Monats nicht von der Giftfontäne trinken konnten, war aber überlistet und unter Wasser, durch starke Zauberalgen gebunden, lange Zeit gefangen gehalten worden. Nun fühlte sich der Engel so geschwächt, dass er nicht wusste, wie er dem Treiben auf Thinghelland Einhalt gebieten sollte.

„Ich kann jetzt nichts gegen die bösen Kräfte unternehmen. Aber ein Mensch, der Gutes tut, ist stärker als dreizehn Millionen Teufel", meinte er. „Bitte, sag es den Menschen, damit sie an sich glauben und sich jemand findet, der das Höllenvolk in die Schranken weist."

Das Kind setzte sich mit dem Lamm in das Fischerboot seiner Eltern, fuhr in die Welt hinaus und verkündete die Botschaft überall. Wie ein Lauffeuer verbreitete sich die Nachricht: „Ein Mensch, der Gutes tut, ist stärker als dreizehn Millionen Teufel!"

> Die Armen sagten es den Reichen,
> die Kleinen den Großen,
> die Frohen den Traurigen,

die Kinder den Erwachsenen,
die Frommen den Gottlosen,
die Hässlichen den Schönen,
die Mutigen den Feigen,
die Klugen den Dummen,
die Hungrigen den Satten,
die Wachen den Müden,
die Schüler den Lehrern,
die Kellner den Gästen,
die Müller den Bäckern,
die Leser den Dichtern,
die Musiker den Dirigenten,
die Suppen den Köchen,
die Autos den Fahrern,
die Schiffe den Kapitänen,
die Rehe den Jägern,
die Schweine den Metzgern,
die Kühe den Melkern,
die Diebe den Polizisten,
die Schwachen den Starken.

Und alle freuten sich, dass sie endlich wussten, wie man das Böse besiegen konnte. Sie umarmten sich und klopften sich gegenseitig auf den

Rücken. Die Freude übersprang Grenzen. Es entstand ein Raunen, Flüstern rund um den ganzen Erdball.

   Bald erreichte es auch die Tiere. Sie brüllten, zischten, quakten, zirpten, trillerten und lispelten: „Ein Mensch, der Gutes tut, ist stärker als dreizehn Millionen Teufel!"

Die Biene sagte es dem Adler,
der Adler dem Hirsch,
der Hirsch der Schnecke,
die Schnecke dem Känguru,
das Känguru der Ameise,
die Ameise dem Tiger,
der Tiger der Ziege,

die Ziege dem Krokodil,
das Krokodil der Grasmücke,
die Grasmücke dem Flusspferd,
das Flusspferd den Hühnern,
die Hühner dem Papagei,
und der wiederholte in einem fort: „Ein Mensch, der Gutes tut, ist stärker als dreizehn Millionen Teufel!"

Auch die Pflanzen stimmten in den Jubel ein. Die Orchideen verströmten ihren süßen Duft, den sie in ihren Kelchen gelagert hatten, und gaben die Botschaft des Engels an den herben Löwenzahn weiter. Die Glockenblumen läuteten, das Vergissmeinnicht lachte, eine stolze Rose flüsterte es einer bescheidenen Petersilie aufs Blatt, eine herrische Lilie neigte sich zu einem braven Stiefmütterchen hinab und hauchte die Botschaft: „Ein Mensch, der Gutes tut, ist stärker als dreizehn Millionen Teufel!"

Die Bäume, Büsche, Blumen und Gräser neigten sich zueinander. Die Tiere reichten sich ihre Krallen, Pfoten und Hufe. Überallhin drang die Nachricht – über die Meere, die Berge, die Bäche, die Flüsse, die Seen, über die Moore, die Wiesen, die Wüsten, die Gebirge und über die Gletscher.

Die Menschen vergaßen vor lauter Freude über die gute Botschaft, sie auch wirklich ernst zu nehmen. Zwar wussten jetzt alle, was zu tun war, um das Böse zu besiegen, doch keiner tat es.

Über all dem war es am Ende des dreizehnten Tages des dreizehnten Monats Mitternacht geworden und der große Geysir ausgebrochen.

Gerade als die Skelette auf der Felsinsel Thinghelland die Totenköpfe an die Giftfontäne halten wollten, um sie mit dem Trank des Bösen zu füllen, flog der Engel zu dem kleinen Kind. Nach Verkünden der Botschaft hatte es sich in der Fischerhütte seiner Eltern neben das Lamm schlafen gelegt. Er rüttelte es sanft und sagte: „Wach bitte auf, die Menschen haben leider vergessen, auch wirklich eine gute Tat zu tun."

Noch ganz verschlafen richtete sich das Kind auf und murmelte: „Aber was willst du denn von mir? Ich habe doch gemacht, was ich konnte."

„Wirklich? Gibt es nicht noch eine gute Tat, die du vollbringen kannst? Vielleicht ist da noch ein Gefangener zu befreien?"

Zunächst wusste das Kind nicht, worauf der Engel hinauswollte. Dann erinnerte es sich: Hatten nicht seine Eltern gestern einen goldschimmernden Kraken aus der See gefischt und lebendig in ein Fass mit Salzwasser gesteckt? Weil der Goldkrake die längsten Fangarme aller Meeresbewohner besaß, erhofften sich Vater und Mutter ein Zubrot durch den Verkauf dieses seltenen Tieres an den Zoo. Das Kind hatte sich gedacht: Wenn wir erst einmal etwas Geld haben, müssen meine Eltern nicht mehr bei jedem Wetter zum Fischen hinausfahren und ich muss nicht mehr fürchten, dass sie irgendwann im Meer ertrinken.

Der Engel schaute es fragend an, sagte aber nichts mehr und das Kind wusste, dass es sich nun entscheiden musste.

„Ach, wir werden auch ohne Geld zurechtkommen…"

Mit einem Satz war das Kind aus dem Bett und zusammen mit dem Engel befreite es vor der Hütte den Kraken aus seinem nassen Gefängnis.

„Wir bringen dich wieder ins Meer zurück."

Gemeinsam schoben die beiden das Boot zu Wasser und ruderten hinaus. Draußen auf dem Meer, gar nicht weit von Thinghelland entfernt, ließ das Kind den Goldkraken über die Bordwand gleiten.

Kaum war dieser aber in den Wellen verschwunden und mit ihm der Goldglanz, da erschütterte ein schweres Erdbeben die Teufelsinsel. Den Skeletten wurden die Totenköpfe aus den Knochenhänden gerissen. Trolle, Hexen, Erinnyen und all die anderen schrecklichen Wesen stürzten übereinander, während die Giftfontäne zusammenfiel und unter dem Geysir plötzlich der Boden wegbrach. Mit viel Getöse und Geschrei kugelten die Bösen in den sich weit öffnenden Schlund, dem dichte Schwefelschwaden entströmten. Es gab noch ein Geräusch wie von einem gewaltigen Rülpser, der nackte Felsboden hob sich wieder aus der Tiefe – und es herrschte Stille.

Thinghelland lag ruhig da wie an allen Tagen in allen Monaten.

Der Engel aber flog geschwind zum verstopften Geysir, nahm erneut seinen Posten als Wache ein – man kann ja nie wissen! – und sagte mit einem Lächeln: „Die gute Tat eines kleinen Kindes ist stärker als dreizehn Millionen Teufel."

Ein Katzenausflug

Lea, die Katzenmutter, hatte drei Kinder. Eines hieß Habibi, was im Arabischen so viel wie „Liebling" bedeutet. Das zweite hörte auf den Namen Salomon, benannt nach dem weisen König des Alten Testaments. Das dritte Katzenkind war ein Mädchen und wurde Maggy gerufen. Angeblich wegen einer englischen Königin oder Premierministerin...

Salomon wurde schon kurz nach der Geburt verschenkt, in eine andere Stadt. Der Trennungsschmerz auf beiden Seiten war kurz, aber heftig. Maggy kam auch weg, aber nur in die nahe Nachbarschaft. Sooft sie einmal zu Hause entwischen konnte, ging sie Bruder und Mutter besuchen und erzählte von ihrer Menschen-Familie – Lea und Habibi waren immer ganz gespannt auf Neuigkeiten.

Der Bücherbus

Doch selbst ein wohl versorgtes Katzenleben kann langweilig werden. Was hat ein Häuschen in der Vorstadt schon an Auslauf und Abwechslung zu bieten? Der kleine Garten ist schnell erforscht, außerdem nicht immer zugänglich. Eben nur dann, wenn diese langen Zweibeiner, die sich Menschen nennen, die Küchentür öffnen, die zum Garten führt. Manchmal aber vergessen sie auch, die Tür richtig zuzumachen, lassen sie angelehnt. Ein schmaler Spalt reicht dann bereits aus... Die Krallen einer geschickten Pfote fahren hinein, rütteln und drücken ein wenig, ein schmaler Katzenkopf schiebt sich zwischen Tür und Rahmen – und hinaus ins freie Katzenleben!

Auf diese Weise war Lea eines Tages in den Garten entwischt. Doch weiter als auf die Gartenmauer führte ihr Weg nicht. Denn dahinter verlief die Straße, begann ein anderes Revier, eine fremde Welt. Von ihrem Aussichtspunkt konnte Lea beobachten, wie ein großes, kastenartiges Fahrzeug, auf dem „Bücherbus" stand, in der Straße anhielt. Bald kamen viele Menschen und gingen hinein. Wenn sie, beladen mit Büchern, wieder herauskamen, machten sie ein Gesicht, als hätten sie gerade etwas Schönes erbeutet – wie Habibi nach dem Fang einer fetten Maus!

Das Lexikon

Lange wollte nun der Katzenmutter das Erlebnis mit dem Bücherbus nicht mehr aus dem Kopf gehen. Was war denn nur an diesen schweren Papierpacken, dass sich die Menschen so oft damit beschäftigten? An den schwarzen Buchstaben, Wörtern und Sätzen auf einer der Papierseiten konnte es nicht liegen… Jede Katze, die auf sich hält, kann lesen und sie selbst, Lea, war unter dem ganzen Geschriebenen, das auf den Regalen im menschlichen Wohnzimmer stand, noch nie auf etwas gestoßen, das auch nur entfernt an das Vergnügen einer richtigen Jagd heranreichte. Aber irgendwas musste dran sein!

Nachts, als einmal alle im Haus schliefen, schlich sich Lea im hellen Mondschein zum großen Bücherschrank im Wohnzimmer, zog mit ihrer Krallenpfote ein Buch heraus, auf dem

„Lexikon A-Gre" stand, und ließ es auf den Teppichboden plumpsen. Sie wartete einige Minuten mit gespitzten Ohren, ob sich jemand im Haus rührte, und blätterte dann beruhigt darin herum. Viele Bilder von unbekannten Menschen, Bauwerken und eigenartigen Dingen gab es zu sehen.

Sie begann zu lesen:

„**A, a,** 1) erster Buchstabe der meisten Alphabete. 2) in der Musik der 6. Ton der Grundskala. 3) A auf Münzen (Hauptmünzstätten), Münzzeichen…"

Und sie schmökerte weiter, kam zu „**A und O**", „**aa**" und „**Aach**". Hier meinte das Buch, die **Aach** sei ein Zufluss des Bodensees, der aus dem

mächtigen **Aachtopf** („Schüttung: 1,3-24 m³/s")
bei der gleichnamigen Stadt **Aach** komme.

Und dann:

„**Aachen**, kreisfreie Stadt im Reg.-Bez. Köln, Nordrh.-Westf., (1985) 246 000 Ew.; nördl. des Hohen Venns, unmittelbar an der belg.-niederl. Grenze gelegen; westlichste Großstadt Deutschlands; Bischofssitz. A. ist eine der ältesten deutschen Städte. Die Heilquellen (**Aquae Grani**), die der Stadt den Namen gaben, kannten schon die Römer. Von Karl d. Gr. zur Kaiserpfalz erhoben, hat A. seine wichtigsten Bauwerke im 2. Weltkrieg verloren..."

Noch einige interessante Dinge über Aachen standen in dem Lexikon. Neben dem Text war ein Bild angebracht, welches das „Aachener Münster (Dom)" zeigte, mit dem Kaiserthron. Auf den Thron führten sieben Stufen. Ja, genau dort hinauf wollte Lea einmal klettern, einmal richtig Katzenkaiserin sein.

Lea schnurrte mit geschlossenen Augen still vor sich hin und versuchte sich vorzustellen, wie es wohl so wäre als:

„**Lea I**., Katzenkaiserin, residiert im Münster zu

Aachen, isst von goldenen Tellern; Herrschaftssymbole: diamantbesetzter Kratzbaum, Brokatspielmaus und Kaschmirwollknäuel..."

Lea geht nach Aachen

Aber wie kommt man nach Aachen? Und wie heißt eigentlich die Stadt, in der Lea selbst lebt? Wo das Wissen fehlt und Menschen nicht weiterhelfen, bleibt immer noch der eigene Katzenspürsinn, dachte Lea und sprang bei der nächsten Gelegenheit von der Gartenmauer auf die Straße und wanderte einfach los.

Natürlich hatte sie Glück, denn an der nächsten Kreuzung stand ein Schild, das in Richtung Aachen wies. Immer entlang des Grünstreifens der Straße lief und lief Lea, bis sie am Stadtrand auf ein weiteres Schild stieß: „Auf Wiedersehen! Sie verlassen Bonn." Jetzt wusste Lea also auch, dass sie bis jetzt in Bonn gelebt hatte.

Nach vielen Tagen und vielen Rückfragen bei anderen Katzen war Lea tatsächlich in Aachen angekommen. Sie ging schnurstracks in das Fremdenverkehrsamt (auch ein Tipp der Katzen) und erkundigte sich nach dem großen Münster. Sie bekam dann dort sogar einen Stadtplan, und nachdem Lea sich den Weg auf dem Plan hatte zeigen lassen, stand sie bald vor den großen Münstertüren. Die waren allerdings geschlossen.

Macht nichts – die geduldige Katze fängt die Maus, dachte Lea, setzte sich auf die steinernen Stufen und putzte in Wartestellung Schnäuzchen, Pfoten und Ohren.

Auf dem Thron

Beim Läuten der Abendglocken öffneten sich endlich die großen Türen und eine Menschenschar verließ den Dom. Schnell schlüpfte Lea zwischen den Beinen der Herauskommenden hinein. Hinter Lea wurden die Türen geschlossen und mit einem schweren Riegel fest versperrt.
Jetzt war sie plötzlich ganz allein im großen, dunklen Kaiserdom. Unbekannte Gerüche zogen durch ihre empfindliche Nase. Sie marschierte über den Altar, beschnupperte die herabgebrannten Kerzen, und als ihre Blase schmerzte,

pinkelte sie schnell in einen leeren Blumentopf hinter dem Altar. Endlich fand Lea auch den Kaiserthron. Sie lief die sieben Stufen hoch und machte es sich zufrieden auf ihm bequem. Von hier oben hat man den besten Überblick über die ganze Kirche, dachte sie. Denn Lea kann auch in der Dunkelheit sehen, wozu wir Menschen nicht in der Lage sind.

Karl erzählt

Da bewegte sich plötzlich ein Schatten hinter einer Säule. Ein großer, alter Mann im Purpurmantel, mit prächtigen Gewändern und einer goldenen Krone auf dem Kopf trat hervor.

Er stieg majestätisch die sieben Stufen zum Kaiserthron hinauf und sagte zu Lea: „Katze, runter da, du sitzt auf meinem Thron! Ich bin Karl der Große!"

Verblüfft sprang Lea von der Sitzfläche auf die Lehne. Karl der Große setzte sich bedächtig hin, strich sich seinen langen weißen Bart zurecht und patschte dann mit der flachen Hand auf seinen rechten Schenkel. Die Katze kannte dieses Zei-

chen, von ihrer Menschen-Familie her. Sie durfte sich jetzt auf dem Schenkel des Kaisers niederlassen.

„Hast du schon mal von mir gehört?", fragte er sie dann.

Lea schüttelte den Katzenkopf und Kaiser Karl erzählte ihr von seinem Leben. Er war der Sohn Pippins des Kleinen, König der Franken.

„Der Papst Leo III. hat mich damals, an Weihnachten im Jahre 800 nach Christus, zum römischen Kaiser ausgerufen..." Und er berichtete Lea auch von seinen Kämpfen gegen die Langobarden, Awaren und Sachsen. „Mein Reich erstreckte sich im Osten bis an die Elbe und die Raab, im Norden bis zur Eider und im Süden bis zum Garigliano", schwärmte der alte Kaiser von seinen vergangenen Besitztümern. „Viele Menschen sind in meinen Kriegen gestorben, und wenn ich damals gewusst hätte, was ich heute weiß, nämlich, dass das alles ganz umsonst war, hätte ich versucht, ein friedlicher Herrscher zu werden." Karl nickte, als wollte er sich selbst zustimmen. „Aber... vorbei ist vorbei", sagte der Kaiser, während er Lea hinter den Ohren kraulte.

„Liebe Katze, erzähl doch du einmal etwas von dir."

Also erzählte ihm Lea von ihren Kindern, ihrer Menschen-Familie und von ihrer Wanderung nach Aachen.

„Ich würde gerne deine Kinder kennen lernen", meinte darauf Karl und streichelte der Katze sanft über den Rücken. Aus seinen Taschen holte er ein Säckchen und hängte es Lea um den Hals. „In diesem Beutel sind einige Goldmünzen, damit kannst du dir für die Fahrt eine Kutsche oder eines der lauten Fahrzeuge mieten, das die Menschen heute benutzen. Auf diese Weise kommst du bestimmt schneller nach Hause."

Dann brummelte Karl noch etwas in seinen Bart, von trotteligen Nachkommen, machtgierigen Herrschern, eifersüchtigen Völkern, die sein Reich zerstört hätten… und irgendwann war Lea in den Armen des alten Kaisers eingeschlummert.

Eine Katze kehrt heim

Am Morgen, gerade als die ersten Sonnenstrahlen durch die bunten Chorfenster gefallen waren, läuteten die Glocken des Doms. Die großen Türen wurden wieder geöffnet und viele Menschen strömten herein.

Lea beobachtete vom leeren Thron aus das feierliche Hochamt. Orgelklang drang an ihr Katzenohr. Die Musik gefiel ihr so gut, dass sie mit miaute. Schließlich bekam sie Durst und trank aus dem kleinen Becken, das rechts von der Eingangspforte an der Wand angebracht war und in das die Kirchgänger immer ihre Hände eintauchten, um anschließend die Stirn, den Bauch und die beiden Schultern mit angefeuchteten Fingern zu berühren. Erst das linke Schulterblatt, dann das rechte. Seltsam. Aber das Wasser schmeckte abgestanden.

Zusammen mit den Menschen schlüpfte die Katze auch wieder zum Dom hinaus. Draußen nahm sie sich einfach ein Taxi und ließ sich nach Bonn fahren. Dafür gab Lea dem Fahrer eine Goldmünze aus dem Beutel.

Zu Hause waren alle froh, dass die Katzenmutter wieder da war. Natürlich bis in alle Einzelheiten musste Lea ihrem Sohn Habibi vom Treffen mit Kaiser Karl im Dom erzählen. Als Habibi hörte, dass Kaiser Karl ihn kennen zu lernen wünschte, war er kaum mehr zu halten. Gleich am nächsten Tag wollte er nach Aachen aufbrechen.

„Sollen wir nicht auch Maggy mitnehmen? Sie ist in ein so kleines Zimmer gesperrt. Sie wird sich freuen, wenn sie einmal weit laufen kann", meinte Habibi.

„Ach, vielleicht machen wir später einmal die ganze Reise zusammen, jetzt muss ich mich zuerst ein paar Wochen ausruhen", sagte Lea zu Habibi und schmiegte sich in den bequemen Sessel im Wohnzimmer.

Ein Rabe landet

Gerade ein paar Tage waren vergangen, als es mitten in der Nacht leise ans Wohnzimmerfenster klopfte. Ein riesiger schwarzer Rabe pickte mit seinem Schnabel vorsichtig von außen an die Scheibe. Es war ein Abgesandter von Karl dem Großen: Der alte Kaiser langweile sich so sehr in seinem Dom, Lea könne mit ihren Kindern bei ihm aufsteigen, dann würde er sie schon nach Aachen bringen.

Die Entscheidung fiel den Katzen leicht. Habibi musste noch schnell seine Schwester, die in der Nachbarschaft bei einer anderen Menschen-Familie untergebracht war, von den Flugplänen benachrichtigen. Dazu benutzte er praktischerweise das Telefon. Nach kurzem Zögern – es war schließlich ihr erster Flug – schloss sich auch Maggy an, sie musste nur noch zu Hause abgeholt werden.

Als Habibi und Lea geputzt und geschleckt reisefertig waren, stiegen sie auf den Raben. Der große schwarze Vogel schlug dreimal fest mit den Schwingen und schon flogen sie durch die dunkle Nacht dahin, bis sie auf dem Balkon des Hauses landeten, in dem Maggy lebte. Lea und Habibi miauten, wie verabredet, gemeinsam dreimal. Die seltsame Reisegruppe musste nicht lange warten. Maggy nutzte die Gelegenheit zur Flucht, als Sabine, ihre menschliche Mutter, gerade einmal auf die Toilette ging. Maggy schlich sich vorsichtig auf den Balkon, kletterte zu Lea und Habibi auf den riesigen Raben – und los ging's nach Aachen durch die Luft Richtung Westen.

Beim Karneval dabei

Der Tag brach langsam an und sie konnten nun erkennen, dass Karls Rabe am Rhein entlangflog. Als sie sich hoch über Mainz befanden, war dort unten gerade ein Karnevalsumzug im Gange. Diese merkwürdige bunte Raupe jedoch wollten alle vier sich einmal genauer ansehen.

Also landeten sie auf dem Wagen der Karnevalsprinzessin und ihres Prinzen. Luftschlangen flitzten über ihre Köpfe, Konfettimassen regneten auf sie herab und die drei Katzen warfen bald pausenlos Kamellen in die jubelnde Volksmenge am Straßenrand, während Karls Rabe mit den Flügeln winkte. Statt „Helau!" riefen die Katzen immer „Miau!", doch kaum jemand merkte in dem Trubel den Unterschied. So feierten die Katzen Karneval und wurden gefeiert.

Selbst der Lokalpresse fielen die tierischen Karnevalsbesucher auf, sie berichteten am nächsten Tag, der Wagen von Prinz und Prinzessin sei mit drei niedlichen Katzen und einem erstaunlichen Riesenraben besetzt gewesen.

Bevor die Wagen des Karnevalszuges dann am

Ende in die Lagerhalle fuhren, startete der Rabe mit seinen Fluggästen wieder in den Himmel. Die Reise ging weiter.

Ein bequemes Nachtlager

Als es Nacht wurde, suchte das Quartett ein passendes Quartier zum Schlafen. Bei Framersheim fanden sie einen warmen Kuhstall und legten sich gleich ins Stroh zwischen die wiederkäuenden Kühe. Aber alle vier plagte der Durst. Deshalb versuchte Maggy eine Kuh zu melken – ein bisschen Milch wäre ja nicht schlecht. Die jedoch war nicht damit einverstanden und muhte laut und entrüstet auf. Maggy hatte einen Fehler gemacht, ihre Katzenkrallen nicht richtig eingezogen und die Kuh am Euter gekratzt. Darauf gab Lea ihrer Tochter einen kleinen Tatzenhieb, weil sie so unvorsichtig gewesen war.

„Jetzt schaut einmal her, ihr beiden, wie man das macht, ohne der großen Tante wehzutun!", sagte Lea und tapste über das Stroh zu der noch immer etwas unwillig dreinblickenden Kuh.

Beruhigend schnurrend richtete sich die Katzenmutter auf den Hinterläufen auf und griff mit ihren Pfoten – die Krallen natürlich eingezogen – nach einer Zitze am gewaltigen Euter. Ziemlich geschickt für eine einfache Katze begann Lea nun die Kuh zu melken, die das offenbar recht gerne hatte. Habibi und Maggy mussten nur noch ihre Mäulchen aufsperren und Lea spritzte ihnen, direkt aus der Zitze, die frische, warme Milch hinein. Auch Karls Rabe bekam einige Tropfen ab. Nachdem die drei satt waren, saugte Lea selbst an der lebendigen Milchquelle.

Mit vollem Bauch fielen alle sofort in Schlaf und schliefen so fest, dass sie, selbst als die Mäuse ihnen über die Nasen tanzten, nicht wach wurden.

Die Bratpfanne

Noch ehe am Morgen die Bauersfrau in den Stall kam, flogen sie weiter. Und nach einer Stunde Flug durch die Wolken erreichten sie ein prächtiges Schloss. Eine Schnecke, die auf der Turmzinne herumkroch, zeigte den längst wieder hungrig gewordenen Reisenden den Weg in die fürstliche Speisekammer mit Speck und Schinken. Über viele Treppen und Steinstufen ging es hinab in die von Wohlgerüchen dampfende Küche. Ein sichernder Blick auf die am Herd stehende Köchin – und rein in die offene Speisekammer.

Maggy suchte sich einen Topf voller Schlagsahne mitten auf dem Speiseregal aus, für ein Bad. Lea musste ihr danach zwar das Fell ablecken, das machte Maggy wieder sauber, aber auch die Katzenmutter satt. Habibi forschte nach Süßigkeiten. Schließlich fand er Schokolade und Marzipan, die er mit Genuss und in aller Seelenruhe auffutterte. Der Rabe widmete sich währenddessen einer langen Salami und vertilgte sie mit Haut und Strick.

Irgendwann nun fiel der Köchin der Lärm in der Speisekammer auf. Mit einer Bratpfanne bewaffnet stürmte sie herein, und als sie das Schleckermaul-Quartett entdeckte, schrie sie spitz auf und warf die Pfanne nach ihnen. Die jedoch traf, Gott sei Dank, nur die Einmachgläser auf dem Regal, die mit Pfirsichen gefüllt waren. Die Köchin jammerte laut über ihr Missgeschick und verließ niedergeschlagen den Ort ihrer schwachen Zielkunst, um Schaufel und Besen zu holen. So kamen die drei Katzen und der Rabe noch zu einer leckeren Nachspeise.

Das gefährliche Schaf

Wieder in der Luft flogen sie später über eine Rheinkurve, weit unten weidete eine Schafherde.

Lea klopfte Karls Raben auf das Gefieder und rief ihm zu: „Bitte, Rabe, flieg zu der Schafherde hinunter, vielleicht kann ich günstige Wolle für Winterpullis bekommen."

Gerade als Lea mit einem Schafbock die ersten Verhandlungen aufnehmen wollte, kam ein kleines schwarzes Schaf bellend auf sie zu.

„Verschwindet oder ich beiß euch in den Schwanz", drohte das vermeintliche schwarze Schaf, das sich schnell als der bissige Hund des Schäfers entpuppte.

Vor Schreck flatterte der Rabe auf und ließ die Katzen allein zurück. Die drei versuchten erst gar keine Kraftprobe mit dem gefährlichen Hund, sondern rannten davon. Als sie weit genug fort waren, legten sie eine Verschnaufpause ein. Alle drei zitterten vor Angst und der Schrecken saß ihnen in den Gliedern.

„War das nun ein Abenteuer?", fragte Habibi seine Mutter.

„Ja, das war eins", antwortete Lea.

Maggy jammerte: „Ich will aber keine Abenteuer. Ich will wieder nach Hause in mein warmes Zimmerchen."

„Du brauchst dich nicht zu fürchten", sagte Lea.

„Bleibt nur immer in meiner Nähe, dann kann euch nichts passieren."

So trottete das Katzentrio weiter. Ab und zu schauten sie in den Himmel, ob nicht Karls Rabe wieder auftauchte und sie mitnahm.

Auf dem Schiff

Während der Nacht schliefen sie auf einer trockenen Rheininsel, auf die sie über eine lange Holzplanke gekommen waren. Am nächsten Tag

stellte sich dann heraus, dass die Rheininsel ein Rheinlastschiff war, das flussaufwärts nach Basel in die Schweiz tuckerte.

Vom anderen Flussufer her drangen bald fremde Laute an ihre Katzenohren. Was auch nicht verwunderlich ist: Das linke Ufer des Rheins gehört nämlich auf einer weiten Strecke zu Frankreich. Sie sahen Menschen mit langen Weißbroten unter dem Arm und mit tellerartigen Mützen auf dem Kopf.

Habibi fragte: „Mama, wir sind in einem fremden Land, was sollen wir tun?"

„Mäuse schmecken überall gleich", beruhigte Lea ihren aufgeregten Sohn.

Französische Küche

Das Schiff machte in einem Hafen an einem Seitenarm des Rheins fest. Die Schiffsmenschen gingen an Land. Und als sie wiederkamen, brachten sie Säcke und Kisten mit Proviant mit, die sie zunächst an Deck ablegten. Später sollten die Nahrungsmittel in der Kombüse, der Schiffsküche, verstaut werden.

Lea und ihre Kinder strichen neugierig um die interessant riechende neue Ladung. Da – eine Maus! Mitten auf einem Kistchen mit Tomaten. Ein kurzer Tatzenhieb und in Leas Pfote zappelte das kleine graue Nagetier.

Die Maus flehte voller Angst: „Bitte, 'abt Mitleid mit mir, isch bin ein französisches Maus und 'abe natürelmon nur Geschmack von Fromasch."

„Wir lassen dich aber nur leben, wenn du uns täglich Fressen besorgst."

Das wiederum war für die Maus kein Problem.

„Isch 'abe meine Wohnung in Kobüs' von Schiff

'ier. Isch bringe eusch jeden Tag Frühstück, Mittag- und Abendessen."

Abgemacht! So lernte die Katzenfamilie auf dem Lastschiff, das einen französischen Koch hatte, die echte Feinschmeckerküche kennen und lieben.

Beim alten Kaiser

Sanft glitt das Schiff durch die Rheinwogen und die Tage waren faul und angenehm. Das Katzentrio lag gerade an Deck des Schiffes in der Sonne, als der Schatten von Karls Raben über sie fiel.

„Hallo, da bin ich wieder", krächzte er. „Karl der Große hat mich mächtig zusammengestaucht, weil ich ohne euch angekommen bin. Steigt auf, wir fliegen gleich los nach Aachen!"

Schwerfällig kletterten die gut genährten Katzen auf den Raben, der unter ihrem Gewicht fast einknickte und Mühe hatte, Höhe zu gewinnen.

Bei Vollmond erst landeten sie auf dem Turm des Aachener Domes und gelangten über eine lange Wendeltreppe hinunter zum Kaiserthron, wo Karl der Große bei Kerzenlicht auf sie wartete.

Gleich mussten die Katzen von ihrer abenteuerlichen Reise erzählen. Habibi und Maggy sprudelten die Worte nur so aus dem Schnäuzchen und ohne allzu viel Respekt vor dem alten Kaiser lachten sie jetzt aus sicherem Abstand über ihre gefährlichen Erlebnisse.

„Ja ja", sagte Karl der Große, „die gute französische Küche hat euch ganz schön rund werden lassen. Ich empfehle euch für die nächsten Tage viele Kletterübungen in den Domtürmen!" Seine Augen funkelten vor Freude über die muntere Gesellschaft an seinem Thron und er warf dem Raben ein Stück Kautabak zur Belohnung zu.

Danach zeigte Karl der Katzenfamilie die Geheimgänge unterhalb der Kirche, das Weinlager des Pfarrers und die Weihrauchtüten in der Sakristei. Er zeigte ihnen, wie man mit Weihwasser das Kreuzzeichen macht, wie das Vaterunser geht, und erklärte ihnen, warum die Menschen zum Beichten in einem kleinen Häuschen verschwinden. Er versuchte ihnen den Unterschied zwischen katholischen und evangelischen Christen zu erklären, gab dies aber nach 153 interessierten Rückfragen entnervt wieder auf.

Die Katzen blieben bis zum Wintereinbruch bei Karl dem Großen im Münster. Dann wurde es furchtbar kalt zwischen den Kirchenbänken und sie verabschiedeten sich von dem alten Kaiser, der ihnen den Raben für die Heimreise zur Verfügung stellte.

Finderlohn

Nach einem unruhigen Flug, das Wetter war schon recht ungemütlich geworden, setzte Karls Rabe das Katzentrio am heimischen Gartenzaun ab, winkte noch einmal zum Abschied mit seiner rechten Schwinge und stieg auf in den grauen Winterhimmel.

An einem Lichtmast entdeckte Maggy ein Katzenfoto. Nachdem sie es sich genauer angesehen hatte, sagte sie zu Lea und Habibi: „Nanu, das seid ja ihr beiden!"

Das Foto steckte zusammen mit einem Blatt Papier in einer Klarsichthülle. Auf dem Blatt stand: „100 Mark Finderlohn! Wer diese zwei Katzen zurückbringt, erhält sofort 100 Mark bar auf die Hand!"

Nicht schlecht, dachte sich Maggy und klingelte an der Tür von Leas Wohnung. Die Menschenmutter öffnete.

„Hallo, Katze, was willst du denn?"

„Ich habe deine beiden Katzen gefunden und will den Finderlohn."

Hinter Maggy tauchten Lea und Habibi auf.

„Da seid ihr Ausreißer ja endlich", rief die Mutter glücklich und holte für Maggy den Finderlohn.

Die nahm den Hundertmarkschein vorsichtig zwischen die Zähne und lief, nachdem sie noch einmal verschwörerisch Lea und Habibi zugeblinzelt hatte, zu ihrem eigenen Haus und ihren eigenen Menschen.

Was Maggy nun mit dem Finderlohn angefangen hat, weiß ich nicht, aber in Katzenkreisen geht das Gerücht, Lea, Habibi und Maggy bereiteten ihre nächste Reise vor, diesmal nach Südamerika, nach Argentinien – ebenfalls ein Wort aus dem Lexikon mit „A" –, und diesmal zusammen mit Salomon, dem dritten Katzenkind.

Lilians Abenteuer

Lilian, unsere Enkelin – wir, Großmutter und Großvater, haben sie gern. Drei Tage war sie schon auf der Welt. Drei Tage schrie sie schon. Doch mit dem Beginn der vierten Nacht wurde sie ruhig. Was war geschehen?

Mama schaukelte das grün geblümte Wiegenbettchen und sang zum ersten Mal, ungestört von Lilians kräftiger Stimme, das schöne Lied „Schlaf, Kindlein, schlaf..." Papa stand stolz auf der anderen Seite des Bettchens und konnte sich nicht satt sehen an seiner Tochter.

Aber Lilian schlief gar nicht. Durch den schmalen Schlitz unter dem linken Augenlid hervor beobachtete sie aufmerksam ihre Eltern. Oft gesehen hatte Lilian sie ja noch nicht.

Eigentlich ganz nette Leute, dachte sie, zu denen mich der liebe Gott da geschickt hat. Aber wie lange soll ich eigentlich in dem Kasten liegen bleiben? Es war schon so eng bei Mama im Bauch. So eng, dass ich mich endlich auf den Weg in die Freiheit machte, als ich stark genug dazu war. Das nennen die Großen dann die Geburt.

Als sich aber Mama und Papa in der ersten schreifreien Nacht müde ins Bett davonmachten, sagte sich Lilian: Jetzt schlafen sie, das kenne ich noch von der Zeit bei Mama.

Und sogleich begann sie mit den Vorbereitungen für den ersten Ausflug. Langsam schob Lilian mit dem rechten Beinchen die geblümte Bettdecke zurück, kam glücklich auf alle Viere und krabbelte über die Seitenwand der Wiege. Mann, o Mann, war das aufregend.

Lilian und die Klettertour

Doch da hing Lilian nun, halb drinnen, halb draußen – und es ging weit hinunter. Sie holte einmal tief Luft und ließ sich erschöpft auf den blanken Boden plumpsen. Nach einiger Zeit erhob sie sich wieder – noch ziemlich unsicher auf ihren zwei dicken Beinchen – und schlich zum Fenster.

Immer ängstlich darum bemüht, den Schlaf der Eltern nicht zu stören, erklomm sie unter vielen Mühen die Fensterbank. Mit aller Kraft drückte Lilian dann den angelehnten Flügel auf, krabbelte hinaus und machte vorsichtig, vorsichtig einen Schritt auf der äußersten Fensterbank.

Der Schreck traf Lilian wie ein Schlag: Unter ihr tat sich gähnende Leere auf. Sie bekam ein Gefühl wie ehedem, als sich Mutter mit ihr im Leib in einem wilden Tanz gedreht hatte. Ihr wurde schwindlig, genau wie damals. Und wenn es nicht schon Nacht gewesen wäre, so wäre es Lilian jetzt wirklich schwarz vor den Augen geworden.

Glücklicherweise entdeckte Lilian vor dem Fenster eine Mülltonne. Sich am linken Fensterladen mit den Händchen festhaltend, stieg sie langsam – mit den Fußspitzen tastete sie sich dabei im Dunkeln vor – auf den Deckel der Mülltonne. Aber auch jetzt befand sie sich noch beängstigend hoch oben, Lilian wagte nicht auf den Boden hinunterzuspringen.

Was tun? Ihr kleines Herzchen bupperte. Ein Ausflug ist wirklich voller Abenteuer.

Aber Lilian ist erfinderisch. Sie nahm einfach ihre Windel ab – die war schon etwas angeschmutzt –, schüttelte sie aus, knüpfte das eine Ende des Stoffes an den Griff der Mülltonne und seilte sich zum Fußweg ab.

Lilian und die Steine

Gleich bei einem der ersten Schritte stieß Lilians linkes Füßchen auf einen spitzen Stein.
„Au!", schrie sie, hielt sich aber schnell die Hand vor den Mund. Sie wollte ja nicht, dass Mama und Papa wieder von ihrem Geschrei aufwachten.
„Idiot!", zischte sie leise den Stein an.

„Selber einer", zischte der Stein zurück. „Musst mich nur umdrehen, dort bin ich glatt und rund."

Lilian drehte den Stein und tatsächlich, es ließ sich prima auf ihm gehen.

Nun begann Lilians Ausflug erst richtig. Vor ihr lag allerdings ein steinübersäter Weg. In Erinnerung an ihre erste schmerzliche Erfahrung befahl sie deshalb einfach den Steinen: „Dreht euch um!"

Gehorsam hüpften die hoch und drehten die

glatte Seite nach oben. Nur ein einziger spitzer Stein blieb widerborstig liegen.

„Hast du schlecht gehört?", fragte ihn Lilian.

„Nein", antwortete der, „aber es führt zu nichts, wenn ich mich umdrehe, meine andere Seite ist genauso."

„Dann mach dich aus dem Weg!"

Folgsam sprang der Stein hoch und hüpfte zum Rand des Pfades. Lilian konnte unbehindert weiterlaufen.

Aber etwas unheimlich wurde es ihr jetzt schon. Deshalb pfiff sie ein Lied, um sich Mut zu machen: „Lilian klein ging allein in die weite Welt hinein…"

Ein Ausflug ist wirklich voller Abenteuer, dachte sie dabei.

Lilian und die Kuh

Nach einiger Zeit kam sie auf einer saftig grünen Wiese an, auf der eine dicke Kuh weidete.

„Wer bist du denn?", fragte sie die Kuh.

„Ich bin ein Mensch mit vier Beinen und zwei Hörnern. Man nennt mich Kuh."

„Oh, das ist interessant", meinte Lilian. „Und warum hast du vier Beine?"

„Weil ich sonst umfalle", muhte die Kuh.

Das leuchtete Lilian sofort ein. Denn es war ja schon schwer genug, auf nur zwei Beinen das Gleichgewicht zu halten. Lilian wollte deshalb die Kuh liebevoll und voller Verständnis am Bauch kraulen. Dazu musste sie sich aber zuerst unter die Kuh stellen und die Arme in die Höhe recken, um an die Bauchdecke heranzukommen. Die Kuh jedoch war kitzelig und ließ sich sofort niedersinken. Lilian konnte gerade noch zur Seite springen.

Ein Ausflug ist voller Abenteuer.

Dieser neuen Situation ließen sich aber auch gute Seiten abgewinnen, zum Beispiel konnte man jetzt auf den Rücken der Kuh kraxeln. Kaum hatte Lilian die Idee in die Tat umgesetzt, da erhob sich die Kuh und lief davon.

Das war ja nun eigentlich nicht vorgesehen gewesen.

Lilian bekam ernste Schwierigkeiten. Bei jedem Schritt der Kuh rutschte sie hin und her, einmal nach links, dann wieder nach rechts, drohte so-

gar herunterzufallen. Da entdeckte sie die beiden Hörner, von denen die Kuh gerade noch gesprochen hatte. Mit ihren kleinen Händen klammerte sich Lilian daran – mit ganzer Kraft!

Jetzt weiß ich auch, wozu Hörner gut sind, sagte sie sich.

Die Kuh lief mit ihr durch die Wiesen und Felder, durchquerte einen Bach, sprang über einen Graben und ließ sich schließlich neben einem dichten Gestrüpp am Waldrand nieder. Lilian nutzte sofort die Gelegenheit, rutschte vom Kuhrücken und lief so schnell, wie sie nur konnte, davon.

Ein Ausflug ist tatsächlich voller Abenteuer.

Lilian und der schwarze Vogel

Lilian war noch nicht weit gekommen, da flog ein schwarzer Vogel auf sie zu und landete vor ihren Füßen.

„Oh, wer bist denn du?"

„Ich bin ein Mensch mit Flügeln. Man nennt mich Rabe", krächzte der Rabe.

„Das ist interessant", meinte Lilian. „Und zu was bist du gut?"

„Na, zum Fliegen", kam die prompte Antwort.

Lilian wusste nicht, was „Fliegen" bedeutet. Aber neugierig, wie sie nun einmal war und ist, bestieg sie den Rücken des schwarz gefiederten Vogels.

„Halt dich fest", krächzte der noch. „Es geht gleich los!"

Ja, aber wo sollte sich Lilian denn festhalten? Der Rabe hatte schließlich keine Hörner. Lilian nahm ihren Schnuller vom Hals, steckte ihn dem Vogel in den Schnabel, legte die Schnullerschnur um ihren dicken Bauch und schon erhob sich das schwarze Tier mit einigen Flügelschlägen in die Luft.

Das ist also Fliegen, dachte Lilian.

Die anderen Vögel sahen ihren Artgenossen verwundert an. Einen Raben mit Schnuller hatten sie noch nie gesehen. Der Rabe zog dann einige riskante Kurven, schoss steil in die Höhe und sank langsam wieder herab. Er ging auf dem Rücken eines Pferdes nieder, wo er Lilian vorsichtig absetzte. Wieder einige Flügelschläge – er war am Himmel verschwunden.

Lilian und das Schlittenpferd

Das Pferd zog einen Schlitten.

„Wer bist du?", fragte neugierig Lilian.

„Ich bin ein Mensch mit einer Mähne, vier Hufen und einem Schweif", antwortete das Pferd.

„Was machst du noch, außer dass du diesen Schlitten ziehst?", wollte darauf Lilian wissen.

„Ich bringe mit Sankt Nikolaus den Kindern ihre Weihnachtsgeschenke. Doch der schläft schon eine ganze Weile vorn auf dem Schlittenbock."

Das Pferd war seltsam anzuschauen. Statt Ohren hatte es brennende Wunderkerzen und statt der Augen befanden sich honigsüße Apfelsinen rechts und links auf seinem langen Gesicht. Die Zunge war ein brauner Lebkuchen. Der Schweif bestand aus einem großen Strohblumenstrauß. Die Mähne war aus weißer Zuckerwatte. Dazu trug es rot karierte Söckchen und Rollschuhe an den vier Hufen.

Und auf Rollschuhen zog das Wunderpferd seinen Schlitten mit Sankt Nikolaus über die Autobahn von Aachen nach Köln. Das Schlittenpferd achtete dabei auf keine Geschwindigkeitsbegrenzung. Kein Hindernis konnte es aufhalten und im Geschwindigkeitsrausch sprang es sogar über die Brücken, welche die Autobahn querten.

Einmal freilich hatte es die Höhe einer Autobahnbrücke unterschätzt. Nur mit Müh und Not

kam es noch über das Geländer. Sein linker hinterer Rollschuh blieb dabei jedoch hängen und das linke Hinterbein wurde abgerissen. Das Wunderpferd musste nun mit drei Beinen weiterlaufen. Es weinte ein wenig über den Verlust des Beines und Apfelsinenkerne quollen ihm aus seinen Apfelsinenaugen.

Das Wunderpferd lief aber immer noch schnel-

ler als jedes Auto, sein Schlitten überholte alle anderen Fahrzeuge. Da wachte Sankt Nikolaus endlich auf.

„Halt! Halt!", rief er. „Mein Honigkuchenpferdchen, halt an, mir wird sonst furchtbar schlecht."

Brav stoppte das Pferd auf dem nächsten Rastplatz.

„Wo ist denn der Schnee geblieben? Dort drüben am Hang blüht ja schon der Löwenzahn", sagte Sankt Nikolaus erstaunt zu seinem Pferd. „Habe ich den ganzen Winter auf dem Schlitten verschlafen?"

Lilian und die Pusteblume

Lilian aber rutschte am Schweif des Pferdes zu Boden und ging an das Ufer eines nahe gelegenen Teiches. Pusteblumen standen hier. Sie griff nach einer dieser seltsamen Pflanzen, die am Kopf hunderte weißer Schirmchen tragen. Das Schlittenpferd rief: „Puste!", und sie pustete. Ein Pulk von federleichten, fast durchsichtigen Schirmchen stob in den Himmel. Mit ihrem rechten Händchen fing Lilian eines… und wurde in die Höhe gezogen. Fest hielt sie es umklammert, sie wollte ja nicht abstürzen.

Als Lilian auf einen Kirchturm zugetrieben wurde, krähte von dessen Spitze ein Hahn aus Blech: „Kikerikiiihiii, Vorsiiihiiicht!", und sie musste ihre Beinchen einziehen, um nicht an den rostigen Wetterhahn zu stoßen und sich zu verletzen.

Lilian und ihr Brüderchen

Irgendwann senkte sich das Pusteblumenschirmchen zu Boden und Lilian legte sich erschöpft auf das weiche Gras.

Sie dachte: Wie schön wäre es doch jetzt in Mamas und Papas grün geblümtem Wiegenbett!

Eine kleine Träne lief ihr über die Wange. Und während sie noch über die Wiege nachdachte, fielen ihr die Augen zu, sie schlief ein. Lilian begann sogar zu schnarchen. Das hatte sie in ihrem ganzen Leben noch nicht getan. Man lernt eben immer dazu. Im Traum kam dann eine weiße, flaumweiche Wolke angeschwebt.

„Ich bin deine Zukunft", sagte die Wolke. „Vertrau mir, lass dich in mich fallen."

Lilian wehrte sich nicht und stieg mit der Wolke immer weiter nach oben. Weit weg von der Erde funkelten die Sterne schon ganz nah. Zu diesen strahlenden Lichtern flog die Wolke mit Lilian. Der Mond war aufgegangen und schüttelte lächelnd den Kopf, als er beide daherkommen sah.

Auf einem entfernten kleinen Stern, der mit bunten Lampions verziert war, wunderschön anzuschauen, inmitten eines Blütenmeeres von blauen Vergissmeinnicht, gelben Narzissen, violetten Tulpen, weißen Gänseblümchen, roten Waldröschen und gelben Butterblumen, begrüßte sie ein kleiner pausbäckiger Junge. Er steckte in einem kurzen Nachthemd, hatte rote Haare, braune Augen und eine nette Stupsnase zierte sein Gesicht. Das Bübchen saß auf einem goldenen Stühlchen vor einem goldenen Tischchen. Bunte Schmetterlinge tanzten um es herum. Ein Lamm lag ihm zu Füßen. Aus einer großen Palme ertönte sanfte Musik. Neben dem Jungen wuchsen sieben Tannen aus der Erde hervor, an denen unzählige Tafeln Schokolade hingen, und in sieben Kreisen um die sieben Tannen standen sieben kleine Brunnen und plätscherten aus sieben kleinen Fontänen warmen Kakao hervor. Sieben Bienen brachten dem Jungen in kleinen Schälchen süßen Honig.

„Guten Tag, Lilian", begrüßte der Junge sie.

„Wer bist du?", fragte sie verblüfft.

„Ich bin dein Brüderchen Linus. Der liebe Gott hat mich noch nicht auf die Erde geschickt. Aber schon bald werde ich bei euch sein und dann sind deine Mutter und dein Vater auch meine Mutter und mein Vater."

„Meine Eltern sind dann auch deine Eltern", meinte Lilian. Sie war schließlich die Ältere und deshalb etwas klüger als ihr noch nicht geborenes Brüderchen. Sie wusste: Vater und Mutter sind zusammengezählt die Eltern.

„Dann grüß mir unsere Eltern", sprach Linus, „und halt mir das grün geblümte Wiegenbettchen in Ordnung! Denn wenn ich komme, musst du in den Laufstall und ich darf in die Wiege."

„Schon gut, schon gut", gab Lilian zurück, „für mein Brüderchen mache ich alles."

„Aber vor allem, liebe Lilian, brüll nicht mehr so. Man hört das Geschrei ja bis hierher."

„Ich bin nicht der einzige Mensch, der schreit, viele Menschen tun das", antwortete sie etwas beleidigt.

„Aber dein Geschrei hört man aus tausend anderen Stimmen heraus. Es ist schrill, laut und frech!"

„Nun fang nicht schon vor der Geburt mit deiner Schwester zu streiten an. Dafür haben wir später noch Jahrzehnte Zeit."

„Gut", meinte Lilians Brüderchen, „du bist mein braves Schwesterlein und ich freue mich auf dich… und überhaupt, zu Frauen muss man immer besonders höflich sein."

Die Wolke brummte jetzt leise. Das war das Zeichen für den Aufbruch. Mit einem zarten Kuss auf die Stirn verabschiedete das Brüderchen seine zukünftige Schwester und die gab ihm ebenfalls einen zarten Schmatz, aber auf die Wange, und strich ihm mit der Hand über den roten Wuschelkopf.

Schwesterlein und Brüderlein winkten sich noch lange zu, bis die Wolke mit Lilian in die Milchstraße einbog und zurück zur Erde flog.

Ein Ausflug ist wie ein Traum, dachte sie.

Als am Morgen die Sonne aufging, traten Mama und Papa gut ausgeschlafen an das grün geblümte Wiegenbettchen und wunderten sich, dass Lilian sie nicht geweckt hatte. Sie war die ganze Nacht ruhig gewesen.

Erstaunt sagte Mama: „Es war so still und doch hat Lilian unruhig geschlafen. Schau, ihre Decke ist zerknittert."

„Ach was", erwiderte Papa, „du wirst sie nicht richtig zugedeckt haben."

Fast hätten Papa und Mama Streit darüber bekommen, ob Mama am Abend Lilian sorgfältig, wie es sich gehört, zugedeckt hatte oder nicht. Sie schwiegen jedoch, denn sie wollten Lilian nicht wecken.

„Hoffentlich hat sie gut geträumt", sagte Mama.

Da schlug Lilian die Augen auf und überraschte die Eltern mit dem ersten laut gesprochenen Satz: „Linus lässt euch grüßen!"

„Wer lässt uns grüßen?", fragten Mama und Papa überrascht.

„Linus, der Junge auf dem Stern, mein Brüderlein mit den roten Haaren, den braunen Augen und dem netten Stupsnäschen."

„Kinder haben viel Phantasie", meinte Mama.

„Ja", fügte Papa hinzu. „Kinder leben in einer anderen Welt."

„Kinder leben in einer Traumwelt", schloss Mama.

Foto: © Studio Ralf Hillebrand

Norbert Blüm, 1935 in Rüsselsheim geboren, holte nach einer Lehre zum Werkzeugmacher und einigen Jahren der Berufstätigkeit das Abitur am Abendgymnasium nach. Ein umfassendes Studium der Geistes- und Sozialwissenschaften (Philosophie, Germanistik, Geschichte, Theologie und Soziologie) folgte, das er mit der Promotion zum Dr. phil. abschloss. Der christlichen Arbeitnehmerbewegung, in deren Umfeld seine politische Laufbahn begann, ist Blüm seit seiner Jugend eng verbunden. Seit 1982 ist er Bundesminister für Arbeit und Sozialordnung. In seiner knapp bemessenen Freizeit liest er gerne, am liebsten moderne Romane, und treibt Sport.

»Die Glücksmargerite« ist Norbert Blüms erstes Kinderbuch.